Die Aura, dein Farbenkleid

William P. Lambert

William P. Lambert

M.I.P.T.I., M.A.P.N.T.

Die Aura, dein Farbenkleid

Dies ist die Geschichte einiger Erlebnisse eines Sensitiven, der plötzlich entdeckte, daß er die Aura zeichnen kann.

Seine Aurazeichnungen entstehen im Rahmen einer spirituellen Psychotherapie zur Klärung von Problemen auf tieferen Ebenen des Bewußtseins.

Besondere Beachtung gilt hierbei den kosmischen Gesetzen, die auf den Seiten 62 – 73 dieses Buches besprochen werden.

LAREDO VERLAG MÜNCHEN

Titel der Originalausgabe: *The Human Aura - Our Living Rainbow*

Published by Triad Esoteric Publications P.O. Box 134
Horsham West Sussex RH13 5FG England
ISBN 0 9515789 0 1

Copyright 1990 by William Paul Lambert

Deutsche Erstveröffentlichung 1991

Aus dem Englischen übersetzt von Karl Friedrich Hörner

Umschlaggestaltung: Susan Hickey + Grafikstudio Augsburg

Druck und Herstellung: Loibl, Neuburg/Donau
Gedruckt auf chlorfrei gebleichtem Papier

Printed in Germany

ISBN 3-927518-14-X

Dieses Buch ist all denen gewidmet,
die – sichtbar und unsichtbar –
bei meiner Entwicklung geholfen haben.

Mein Dank gilt Philip Bradley für die Überarbeitung, den Satz der Originalausgabe und für die Strichzeichnungen auf den Seiten 79, 81 und 85, sowie seiner Frau Isabel für ihre nicht nachlassende Ermutigung und Unterstützung, Christine Day für die Tonband-Reinschrift von Teilen der ursprünglich als Beitrag für eine Zeitschrift gedachten Arbeit und Susan Hickey für die farbigen Illustrationen in diesem Buch. Mein Dank gilt auch Karl Friedrich Hörner für seine einfühlsame Übersetzung und Isolde Blersch für die sorgfältige Durchsicht.

Tritt ein durch diese Tür

Tritt ein durch diese Tür,
als ob der Boden
im Innern golden wär
und jede Wand aus Edelstein,
unschätzbar reich;
als ob ein Chor
in flammendem Gewand hier sänge
...

Rufe nicht noch eile.
Stille ...
denn Gott ist da.

(Verfasser unbekannt)

Inhalt

Vorwort

In Addington Park, in der Nähe von Maidstone, erlebten meine Frau und ich Bill Lambert zum ersten Mal. Er hielt einen Vortrag mit Demonstration in der Frances Banks Memorial Hall des Seekers Trusts. Zwei Personen aus dem Publikum erklärten sich bereit, sich ihre Aura von ihm zeichnen zu lassen. Er nahm farbige Pastellstifte und zeichnete auf einen großen Bogen Papier, der an einer Staffelei befestigt war. Er schien sich mit Hilfe seiner Hände auf jede Ebene der Aura einzustellen und zeichnete dann mit geschlossenen Augen auf das Papier. Danach trat er von der Staffelei zurück, betrachtete das Gezeichnete und interpretierte es für den Klienten. Im Laufe verschiedener Phasen dieser Arbeit brachte er beim Ausmalen der Aura−Farben auch Gesichter zu Papier. Sie schienen mit geistigen Helfern oder Begleitern aus früheren Leben in Verbindung zu stehen, die sich um das geistige Vorankommen des Klienten bemühen.

Obwohl wir schon etwas über die Aura gelesen hatten, war uns diese Art der Darstellung und Interpretation neu. Besonders beeindruckte uns die offenbar ernste Absicht, den Versuchspersonen zu helfen, sich selbst besser zu verstehen und im Sinne ihrer höheren Lebensaufgabe möglicherweise weiterführende Wege zu erkennen.

Nach jener Veranstaltung beschlossen wir, Bill privat zu konsultieren und unsere Aura von ihm zeichnen zu lassen. Er widmete jedem eine Stunde Zeit und was er während des Zeichnens an Informationen gab, wurde auf eine Kassette aufgenommen.

Wie schon damals sind wir auch heute noch davon überzeugt, daß jener Schritt einen Wendepunkt in unserem Leben markierte. Durch Bills Auradeutung kommt man in Verbindung mit dem tieferen Selbst, man sieht sich in dem Zusammenhang wachsender Erfahrung über viele Erdenleben hinweg und beginnt zu erkennen, daß man − wie jeder andere auch − einzigartig und einmalig ist. Man braucht sich nicht von dem Gefühl bedrücken zu lassen, versagt zu haben, weil man nicht den Erwartungen anderer gerecht wurde. Die eigene Wirklichkeit, das eigene Universum ist der Bereich, für den man verantwortlich ist, die Werkstatt, in der alles der Prüfung unterzogen wird.

Ein zuverlässiger Maßstab zur Prüfung einer neuen Idee ist das Kriterium, daß sich alles entfaltet und wächst, was ein Teil der

Wahrheit ist, während das krankt und eingeht, was nicht der Wahrheit entspricht. Wir haben festgestellt, daß alles im Zusammenhang mit Bills Arbeit diesem Anspruch genügt; es entfaltet sich immer weiter wie eine Pflanze, die unbeirrt sprießt, wächst und Ableger treibt.

Nachdem wir unsere Aurazeichnungen hatten, erschien es uns nur ein natürlicher weiterer Schritt, die Kurse zu besuchen, die Bill anbietet. Die Wirkung dieser Seminare war tiefgreifend. Da die Arbeitsphasen an Vor- und Nachmittagen mit einer Meditation beginnen und enden, verstärkt sich die innere Vertrautheit, während die geistigen Lehren sich ins Leben des einzelnen verwurzeln und Bedürfnisse der Seele erfüllen, die bis dahin vielleicht noch gar nicht bewußt erkannt waren.

Die Menschheit bemüht sich, die jahrzehntelange Einschränkung im Denken hinter sich zu lassen, die materialistische Bildungssysteme ihr aufgezwungen haben; der spirituelle Hunger ist groß. Es ist interessant, zu beobachten, wie die Nachfrage nach Bills Arbeit in Deutschland, Österreich und der Schweiz ebenso wie in Großbritannien zunimmt. Offenbar ist das Bedürfnis nach einem multidimensionalen Verständnis der Wirklichkeit, das zu Selbstverantwortung führt, allgemein verbreitet.

Ich möchte jedem empfehlen, seine Aura zeichnen zu lassen. Das ist nicht nur für ältere Menschen von Vorteil, sondern auch für junge, die dadurch einen Einblick gewinnen können, warum sie in dieses Leben gekommen sind. Es gibt Anzeichen dafür, daß in unserer Zeit eine Welle spirituell entwickelter Seelen inkarniert wird. Diesen Menschen muß man auf Ebenen begegnen, die im Rahmen der normalen Ausbildung oder mancher Konfession nicht berücksichtigt werden. Diese jungen Menschen suchen ihre Aufgabe und ihren Platz in den großen Entwicklungen an der Schwelle zum nächsten Jahrhundert. Ich habe das Gefühl, dieses kleine Buch wird eine wertvolle Hilfe sein, indem es vielen Suchenden den Weg zeigt, sich selbst zu finden und ihre Anstrengungen in die für sie richtigen Bahnen zu lenken. Möge das Buch Leser finden, die es brauchen, und mögen seine Leser Erbauung und Ermutigung finden durch die Gedanken, zu deren Verbreitung es beiträgt.

Philip Bradley

Einführung

Die Vorstellung, dieses Buch zu schreiben, entstand im Laufe einiger hundert Auradeutungen. Vor allem auf dem europäischen Kontinent stellte sich heraus, daß diese Art der Arbeit vielen Menschen neu war, die deshalb nur wenig über das Thema wußten und aus ihrer Zeit mit dem Verfasser nicht den vollen Nutzen ziehen konnten. Die Verbindung von spiritueller Psychotherapie, gedanklicher Medialität und medialer Einstimmung, die dem Verfasser das Zeichnen der Aura ermöglicht, brachte viel Information hervor. Die einstündigen Konsultationen boten nicht genügend Zeit, um die mannigfaltigen Zusammenhänge zu erläutern, und obgleich viele Klienten später eines der Seminare über spirituelle Psychotherapie beim Verfasser besuchen, ist der Bedarf an diesem Buch doch weiterhin vorhanden.

Der Ermutigung seines Lehrers folgend, entdeckte der Verfasser im Jahre 1983, daß er Auren zeichnen konnte. Die erste Darstellung entstand zu Hause im Kreise von Freunden. In der Folge wurde er gebeten, auch anderswo Auren zu zeichnen, schließlich auch an mehreren Orten auf dem Kontinent. Im Laufe der Jahre entwickelte und entfaltete sich diese Tätigkeit dergestalt, daß sie sich Jahr für Jahr auf faszinierende Weise wandelt.

Der Autor hat keine künstlerische Ausbildung genossen, doch es zeigte sich sehr deutlich, daß von Zeit zu Zeit höhere Einflüsse durch ihn wirken, wie gelegentliche drastische Wechsel des künstlerischen Stils erkennen lassen. Dies bedeutet, daß nicht nur jede Aura einzigartig ist, sondern daß auch die unterschiedlichen Arten ihrer Darstellung einzigartig sind. Solche Veränderungen entwickeln sich und finden auch weiterhin statt.

Zu Beginn dienten die Aurazeichnungen in erster Linie als Hilfe zur Beratung und wurden dem Klienten zusammen mit einer Kassettenaufnahme überreicht; dies geschieht auch heute noch. Später entdeckte der Verfasser, als er Klienten zu Hause besuchte, daß die Aurabilder zuweilen wie Gemälde an der Wand aufgehängt wurden, so daß alle sie sehen konnten – was ursprünglich nicht seiner Absicht entsprach. Sie waren lediglich eine Interpretation der Lebensumstände des Klienten – und als Kunstwerke keine Empfehlung! Deshalb bat er im Innern, daß sie präsentabler gestaltet würden – dabei aber immer noch interpretierbar bleiben sollten –, und diesem Wunsch wurde schon bei der nächsten Aurazeichnung stattgegeben.

Die Gesichter, die später zum Vorschein kamen, waren eine unerwartete Zugabe. Das erste – den vollständigen Kopf eines Arabers – zeichnete der Verfasser mit völlig geschlossenen Augen. Damals stand kein Fotoapparat zur Verfügung, und so gibt es bedauerlicherweise keine Aufzeichnung jenes Bildes. Doch man bemühte sich, verschiedene Fotos auszuwählen, um dem Leser eine Vorstellung zu vermitteln von der Entwicklung der Zeichnungen im Laufe der Jahre.

Es gibt natürlich zahlreiche Methoden, die Aura zeichnerisch darzustellen und zu deuten. Ein »einziger und allein richtiger Weg« existiert nicht. Das hängt nicht nur von der individuellen Begabung des Zeichnenden ab, sondern auch von der wechselnden Unterstützung durch höhere Dimensionen sowie von der Entwicklungsstufe des Klienten. Das Verständnis des Klienten kann einen sehr großen Einfluß auf die Zeichnung und die Informationen haben, die bei der Deutung vermittelt werden. Es ist eine große Hilfe, wenn Klienten in der Meditation geübt sind. Bei der Sitzung wird dann das gegeben, was im jeweiligen Augenblick richtig ist.

Eine Aurazeichnung entsteht von oben nach unten; der Eingang führt offenbar über die Silberschnur durch das Scheitel–Chakra. Die Bilder sind quasi Frontalaufnahmen, seitenverkehrt wie ein Spiegelbild. Die rechte Seite des Klienten wird auf der linken Seite der Zeichnung dargestellt und umgekehrt.

Es gibt keine festgelegte Anleitung für die Interpretation der Aurazeichnung; der Verfasser erhält viele Informationen durch Intuition, gedankliche Medialität und innere Weisung über das, was im jeweiligen Augenblick offenbart wird.

Die verschiedenen Farben erscheinen in einer unvorstellbaren Vielfalt von Intensität und Schattierung. Manchmal sind sie klar voneinander zu trennen und zu unterscheiden, bei anderen Gelegenheiten fließen sie ineinander, oder eine später hinzukommende Farbe überdeckt eine vorher gezeichnete. Einmal sind zum Beispiel Gelb und Grün klar voneinander getrennt, in anderen Fällen fließen sie so ineinander, daß sie als eine Farbe erscheinen. Hier fließt die Intuition des Klienten möglicherweise so stark und deutlich durch das Denken, daß er gar nicht ahnt, wie stark seine Intuition ist. Bei anderen Gelegenheiten berührt Grün das Gelb nur hin und wieder und zeigt damit an, daß die Weisung aus höheren Dimensionen vor allem hin und wieder kam, um notwendige Warnungen oder Impulse zu geben.

Viele Leser wissen, daß wir das Fische-Zeitalter, das Jesus einleitete, hinter uns lassen, und jetzt auf die Schwelle des Neuen Zeitalters, des Wassermann-Zeitalters, zugehen. Wir verlassen bereits die Phase, in der Medialitäts-Phänomene und Volltrance vorherrschten, und erleben eine Zunahme von gedanklicher Medialität und »Channelling«. Die Brücke zwischen Intellekt und Seele entwickelt sich mit der wachsenden psychologischen Erforschung von Körper, Gemüt und Denken des Menschen. So tritt allmählich die spirituelle Psychologie hervor, die wir als Bewußtsein des Neuen Zeitalters bezeichnen können. In ihr werden die mystische und die wissenschaftliche Betrachtungsweise im Sinne der Evolution vereint.

Nach dem Verständnis des Autors ist die Aura die Hülle der Seele und birgt die Weisungen aus dem Geiste. Diese Instruktionen werden im Augenblick der Zeugung eingeprägt, um genau den Körper aufzubauen, der es dem Geist ermöglichen wird, sich Ausdruck zu verleihen und seinen Veredelungsprozeß in aufeinanderfolgenden Leben zu durchlaufen. Das heißt, die Aura verändert sich von Leben zu Leben je nach Maßgabe des Geistes oder des höheren Selbst, dem alles bekannt ist, was das Individuum je getan hat und für seine oder ihre Zukunft benötigt. Die Aura verändert sich auch während eines Lebens je nach Gesundheit, geistigem Vorankommen und Entwicklungsstand des einzelnen. Sie umfaßt eine Aufzeichnung unserer Geschichte, unsere derzeitige Verfassung und Umstände sowie Anzeichen für künftige Möglichkeiten und Entwicklungen.

Die Farben in der Aura sind sowohl unabhängig voneinander zu betrachten als auch in Wechselbeziehung zueinander, das heißt zwischen den Farben und Ebenen der Aura bestehen Koordination und Kommunikation. Bei der Methode der Auradarstellung des Verfassers steht jede Farbe außerdem mit einem Chakra in Verbindung; diese Zusammenhänge werden in der Tabelle auf Seite 60 gezeigt.

Der Verfasser gibt keinen Unterricht im Zeichnen der Aura, aber er hält sowohl in England als auch auf dem europäischen Kontinent zahlreiche Vorträge und Kurse über spirituelle Psychotherapie und das Heilen.

War Shakespeare ein Eingeweihter?

Die ganze Welt ist Bühne,
und alle Fraun und Männer bloße Spieler.
Sie treten auf und gehen wieder ab,
sein Lebenlang spielt einer manche Rollen,
durch sieben Akte hin. Zuerst das Kind,
Das in der Wärtrin Armen greint und sprudelt;
der weinerliche Bube, der mit Bündel
und glattem Morgenantlitz, wie die Schnecke
ungern zur Schule kriecht; dann der Verliebte,
der wie ein Ofen seufzt, mit Jammerlied
auf seiner Liebsten Brau'n; dann der Soldat,
voll toller Flüch' und wie ein Pardel bärtig,
auf Ehre eifersüchtig, schnell zu Händeln,
bis in die Mündung der Kanone suchend
die Seifenblase Ruhm. Und dann der Richter,
in rundem Bauche, mit Kapaun gestopft,
mit strengem Blick und regelrechtem Bart,
voll weiser Sprüch und neuester Exempel,
spielt seine Rolle so. Das sechste Alter
macht den besockten hagern Pantalon,
Brill' auf der Nase, Beutel an der Seite;
die jugendliche Hose, wohl geschont,
'ne Welt zu weit für die verschrumpften Lenden;
die tiefe Männerstimme, umgewandelt
zum kindlichen Diskante, pfeift und quäkt
in seinem Ton. Der letzte Akt, mit dem
die seltsam wechselnde Geschichte schließt,
ist zweite Kindheit, gänzliches Vergessen,
ohn' Augen, ohne Zahn, Geschmack und alles.

aus: Shakespeare, *Wie es euch gefällt II,7*
(Übersetzung: August Wilhelm von Schlegel)

Sehen, Zeichnen und Deuten der Aura

»Der Mensch besteht aus mehreren verschiedenen Faktoren:
was er von seinen Eltern geerbt hat; was er von seiner Umgebung aufgenommen hat; was er aus früheren Inkarnationen
mitgebracht hat; was er denkt, fühlt und tut, und welcher Art
seine Reaktionen gegenüber anderen Menschen sind. Es ist die
Kombination aller dieser Elemente, die den Menschen aus-
macht.«

Paul Brunton[1]

Die Tatsache, daß die Aura des Menschen gesehen werden kann, steht
nicht mehr zur Diskussion. Seit Jahrhunderten wurde sie in zahlreichen
Gemälden abgebildet, besonders in jenen, die im Rahmen der Kirche
entstanden und Jesus Christus oder andere biblische Gestalten zeigen.

Die Aura einer spirituell hochentwickelten Seele kann von atem-
beraubender Schönheit sein, und jeder, der sie wahrnimmt, verspürt
augenblicklich den Wunsch, zu deuten, was er sieht. Die Aura zu
zeichnen ist nicht nur für den Träger der Aura faszinierend, sondern
auch für den Deutenden.

Beim Zeichnen von Auren stellte ich nicht nur in England,
sondern auch in mehreren anderen Ländern Europas fest, daß Klienten
– ob sie nun einfache Menschen waren oder hochgebildet und kulti-
viert – zu erwarten scheinen, die Zukunft werde ihnen vorausgesagt.
Doch ich mache von der Aura in dieser Hinsicht keinen Gebrauch,
sondern nutze sie vielmehr als diagnostisches Werkzeug, um auf-
zuzeigen, wo es im Leben des Klienten – ja selbst vor dessen Geburt
– Krisen gab. Manchmal zeichnen sich solche Faktoren sehr deutlich
in der Aura ab und verursachen gesundheitliche Probleme in der
Gegenwart.

Wird die Aura so genutzt und von einer zusammenhängenden
Interpretation begleitet – die jeder Phase der Zeichnung folgt –, läßt
sich eine Wirkung im Sinne der spirituellen Psychotherapie erzielen.
Ängste, Phobien, Frustrationen und Groll können entkrampft werden,

---

[1]   aus Brunton, Paul: *The Ego – From Birth to Rebirth*

und Energie wird frei, die sich ins Leben jetzt umsetzen läßt, so daß der Klient sich einer freieren und offeneren Zukunft erfreuen kann.

Die feinstofflichen interdimensionalen Felder der Aura−Emanation des Menschen – seiner nicht−materiellen Wirklichkeit –, sind mit vielen Ebenen des Bewußtseins verbunden. Da die meisten Menschen auf Erden nur fünf Prozent ihrer Kapazität nutzen, wartet ein gewaltiger Vorrat im Verborgenen, freigesetzt und ins Leben gebracht zu werden, um eine bessere Lebensqualität zu ermöglichen. Es ist also wichtig, daß sowohl Klient als auch Deutender nur das höchste Ziel im Sinne haben.

Weil die Farben lebendig und ständig in Bewegung sind, ist es unmöglich, auf Papier festzuhalten, was man tatsächlich sieht. Man kann nur eine Momentaufnahme machen. Die Information, die dazu gegeben wird, umfaßt, was der Klient in diesem bestimmten Augenblick verarbeiten und verstehen kann. Eine Sitzung kann oft von tiefer heilender Wirkung sein; in den feinstofflichen Körpern findet eine Heilung statt, die ins Leben übertragen wird. Oft lachen oder weinen die Menschen während einer Sitzung, oder sie finden Entspannung und Zuversicht, wenn Probleme und Bindungen gelöst werden. Sie beginnen, sich selbst und die Ursachen, die in ihrem Leben wirken, besser zu verstehen.

In manchen Fällen gelangt jemand durch die Auradeutung zum ersten Mal zu der Erkenntnis, daß er von einzigartigem Wert ist – von einem Wert, den man oft verloren glaubte angesichts der Geringschätzung und Ablehnung durch andere. Da die ganze Auradeutung auf Kassette aufgenommen wird, besteht die Möglichkeit, die Informationen später erneut anzuhören und zu weiteren Einsichten zu gelangen, nachdem die Zeit ein tieferes Verständnis reifen ließ.

In Shakespeares *Wie es euch gefällt* hören wir: »Die ganze Welt ist Bühne, und alle Fraun und Männer bloße Spieler. Sie treten auf und gehen wieder ab. Sein Lebenlang spielt einer manche Rollen, durch sieben Akte hin.« Das ist sehr wahr. Wir haben auf verschiedenen Bühnen in unseren Leben gelernt, gewisse Routinehandlungen auszuführen und vielleicht eine Uniform zu tragen, wenn unsere Aufgabe dies verlangt – etwa (in England) in der Schule oder bei der Arbeit. Und selbst wer keine Uniform trägt, paßt sich mit der Kleidung seiner Tätigkeit und Verpflichtung an. Manche Menschen nehmen auch gewisse Frisuren, Make−ups und andere Gewohnheiten an, um sich auf die Art des Lebens einzustellen, der sie sich eine gewisse Zeit fügen.

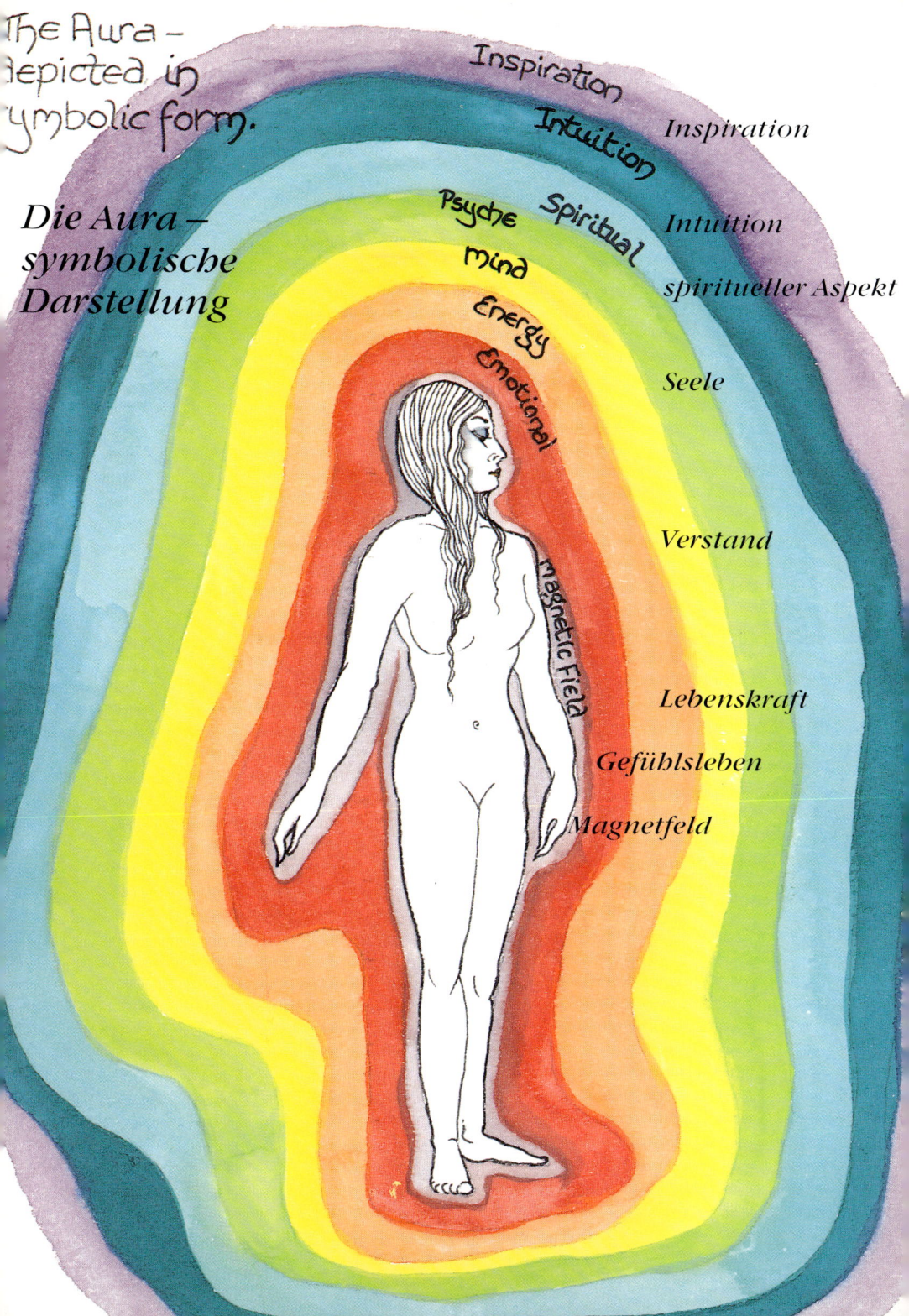

The Aura –
depicted in
symbolic form.

Die Aura –
symbolische
Darstellung

Inspiration

Intuition

Psyche

Spiritual

mind

Energy

Emotional

Magnetic Field

Inspiration

Intuition

spiritueller Aspekt

Seele

Verstand

Lebenskraft

Gefühlsleben

Magnetfeld

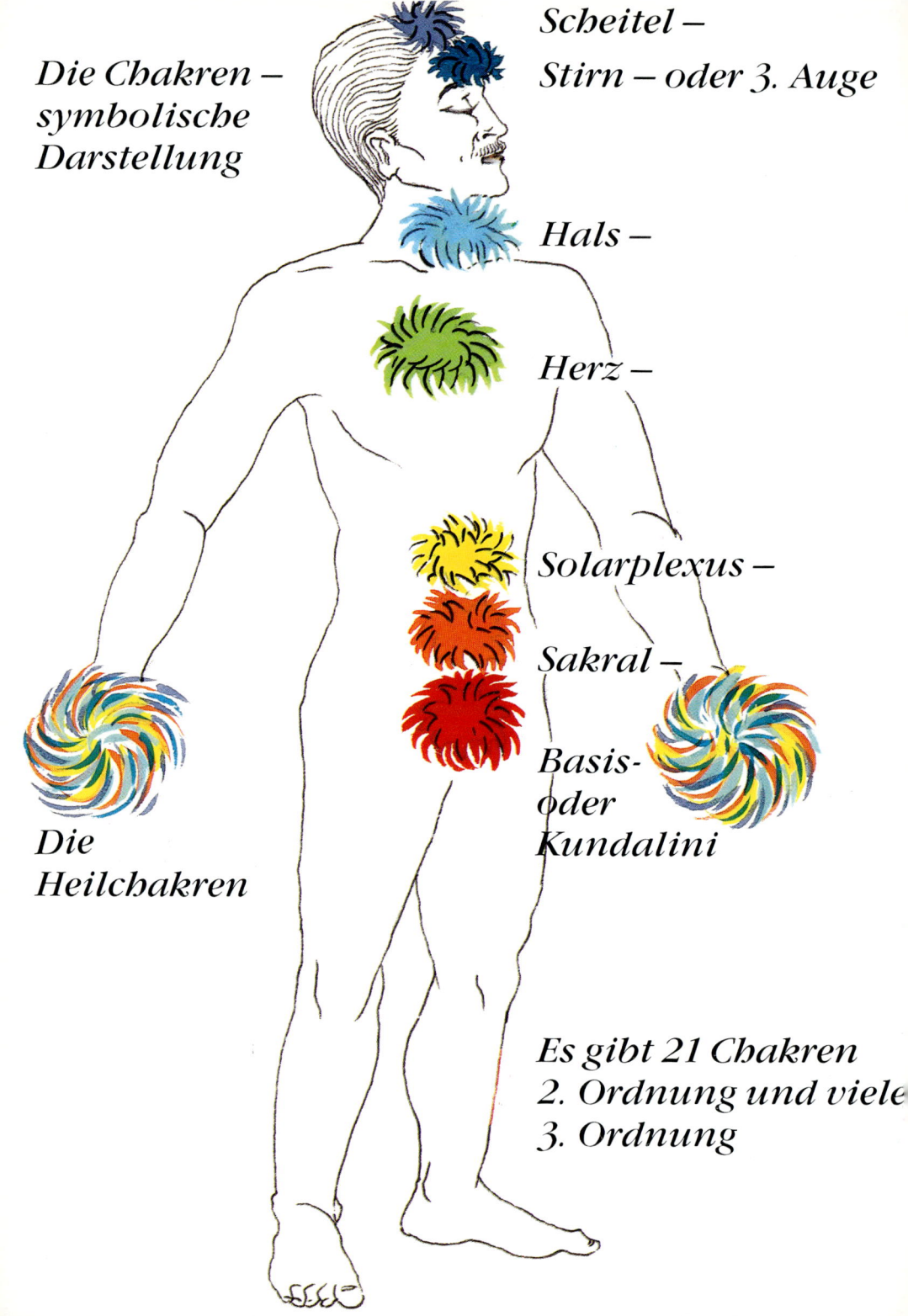

Die Chakren –
symbolische
Darstellung

Scheitel –

Stirn – oder 3. Auge

Hals –

Herz –

Solarplexus –

Sakral –

Basis-
oder
Kundalini

Die
Heilchakren

Es gibt 21 Chakren
2. Ordnung und viele
3. Ordnung

Wir setzen eine Maske auf und spielen unsere Rolle im Leben. Alle diese Dinge schränken das wirkliche Selbst ein, das hindurchstrahlen will; solche Einschränkungen können sich in der Aura zeigen.

Wie jeder Mensch auf Erden von Natur aus einzigartig und einmalig ist, sind auch keine zwei Auren gleich. Oberflächlich betrachtet mag eine Ähnlichkeit bestehen, aber in Wirklichkeit ergeben alle Linien, Farben und Deutungen ein einzigartiges, individuelles Puzzlebild, das allmählich zusammengefügt wird, während die Aurazeichnung entsteht.

Die Aura offenbart das Lebensmuster und den Lebensplan, manchmal auch Geschichten aus früheren Leben. Vor allem aber dient sie als diagnostisches Werkzeug und zeigt Schwachpunkte oder Krankheit im Körper an und hilft, die seelischen Ursachen dieser Schwächen zu erkennen. Dann ist es möglich, Heilung aus höheren Bewußtseinsebenen auf die Erinnerung einwirken zu lassen, damit die spirituelle Lebensaufgabe zum Ausdruck kommen kann und die Heilung auch auf der körperlichen Ebene einsetzen kann.

Wenn der Klient sich bewußt macht, daß in der Aura alles aufgezeichnet und offenbar wird, findet er in der Regel zu einer besseren Lebensqualität. Innerer Frieden und Selbstvertrauen wachsen, und alle Aspekte des Lebens können auf positivere Weise Ausdruck erlangen. Dann kann die Aura auch ihre anderen Funktionen besser erfüllen; dazu gehört auch die Aufgabe als Temperatur- und Schutzbarriere um den Menschen.

Es gibt viele Methoden, die Aura verschiedener Menschen zu zeichnen und zu deuten; am besten kann man sie hinsichtlich ihrer Gestalt mit einem großen, schützenden Ei vergleichen. In gefährlichen Situationen soll sie auch als Frühwarnsystem dienen, das heißt sie leitet Information weiter, um eine geeignete Reaktion auszulösen.

Wie jeder Mensch und jede Aura einzigartig sind, variiert auch die Größe der Aura beträchtlich. Menschen, die nur in der Welt ihrer fünf körperlichen Sinne leben, haben keine sehr große Aura; wer sich aber durch Gebet und Meditation veredelt und die Verbindung aufgenommen hat zu seinem höheren Bewußtsein und dem Kosmos, kann eine sehr große Aura besitzen.

Die Aura von Sathya Sai Baba

Dr. Baranowski, der mehr als sechstausend Vorträge in allen Teilen der Welt gehalten hat, kann die Aura sehen und hat schon zahllose Auren fotografiert. Er sagt, daß er über hundert heilige Menschen in Indien kennengelernt habe; die meisten von ihnen seien jedoch vor allem mit ihrem eigenen Ego beschäftigt und ihre Auren zeigten in erster Linie diese Beschäftigung mit sich selbst und ihren eigenen Institutionen. Meist seien ihre Auren recht klein und überragten den Körperumriß nur um etwa dreißig bis sechzig Zentimeter. Doch als er Sathya Sai Baba besuchte, fand Baranowski eine Aura, die »nicht die Aura eines Menschen« sei. Der silbergraue Bereich hatte mehr als die doppelte Ausdehnung wie bei anderen Menschen; das Blau war praktisch grenzenlos, goldene und silberne Bänder reichten noch über das Gebäude hinaus, soweit das Auge sehen konnte. Eine wissenschaftliche Erklärung dieses Phänomens gab es nicht. Baranowski sagte, er habe LIEBE fotografiert.[2]

Auch der Verfasser dieses Buches hat Sai Baba in Indien aufgesucht und seine machtvolle Gegenwart aus der Nähe erlebt. Wenn Sai Baba besondere Dinge tut, wird seine Aura sogar noch klarer und reicht bis ca. 75 Zentimeter über seinen Körper hinaus. Ihre Farbe verwandelt sich in ein wunderschönes, atemberaubend irisierendes Blau, das durchsetzt ist von weißen »Sternen«. Seine Nähe ist in der Tat unbeschreiblich. Sai Baba strahlt machtvollste Liebe und Intelligenz aus.

Man sagt, Sathya Sai Baba sei der führende Avatar des neuen Zeitalters. Zahlreiche Bücher und unzählige Berichte sind über ihn und sein Leben bereits geschrieben worden.

---

[2]   aus Mason, Peggy: *Two Worlds*

Eine Definition der spirituellen Psychotherapie

Die spirituelle Psychotherapie basiert auf dem Prinzip, daß alles in der Schöpfung heil und vollkommen ist. Jegliche Unvollkommenheiten sind die Auswirkungen falsch angewendeter Naturgesetze, die Rhythmus und Harmonie eines ausgeglichenen Lebens regieren. Diese Unvollkommenheiten werden in der Aura registriert.

Natürliche Heilweisen haben schon lange bewiesen, daß Veränderungen, die man normalerweise für unmöglich hält, durch natürliches und rechtes Leben zu erzielen sind. Wahre Gesundheit oder Ganzheit ist zu verwirklichen durch die Anwendung spiritueller Gesetzmäßigkeiten, das heißt indem man sich auf die Kraft bezieht, die die Natur uns zur Verfügung stellt.

Unvollkommenheit zeigt sich als Krankheit, doch dieser Zustand kann verwandelt werden durch Akzeptieren und die richtige Denkhaltung. Dadurch kommen höhere Gesetze zum Tragen und zeigen die Ursache des unvollkommenen oder kranken Zustandes an.

Spirituelle Wissenschaft konzentriert sich auf die Ursache statt auf die vielfältigen Auswirkungen spiritueller Frustration, die der Krankheit zugrunde liegt. Die Heilbehandlung und das Vermitteln einer neuen, rechten Lebensweise läßt den Kranken der Selbstheilung teilhaftig werden und verhilft ihm zu Erkenntnis, zu Intuition und spiritueller Bewußtheit, die es ihm ermöglichen werden, gesund zu bleiben.

Die spirituelle Psychotherapie hat ein weites Spektrum; keine Quelle naturgemäßer Behandlung bleibt hier ungenutzt. Alle Therapien haben einen Beitrag zu leisten, und spirituell ausgebildete Praktiker sind immer bereit, mit jenen zusammenzuarbeiten, denen das Wohl ihrer Mitmenschen am Herzen liegt. Sie lehren ausgeglichenes Leben, Mäßigung und Annehmen der Vorzüge, die ganzheitliche und allopathische Medizin und Behandlungsweisen bringen können.

Recht verstandene und angenommene Krankheit kann ein tieferes Verständnis des Lebens lehren, das den Leidenden bereichert. Im Sinne einer wirkungsvollen Behandlung ist es notwendig, eine Lebensweise zu lehren, ein Verständnis von Ursache und Zweck der Disharmonie und Krankheit im Geiste der Botschaft Jesu zu vermitteln. Wenn wir unsere Schuhe zum Schuhmacher bringen, unsere Uhren zum Uhrmacher – ist es dann nicht natürlich, unseren Körper zur Quelle aller Weisung, Inspiration und Heilung zu bringen?[3]

Die Aura beim Heilen

Die Aura ist nicht nur sichtbar, manche Heiler können sie auch fühlen. So sind vollständige Heilbehandlungen möglich, ohne daß dabei der Körper berührt wird. Große Vorsicht und ein behutsames und einfühlsames Vorgehen sind wesentlich für diese Art der Behandlung, da jede plötzliche Bewegung beim Patienten ein Schwindelgefühl auslösen kann. Eine Behandlung über die Aura kann äußerst wirkungsvoll sein. Manche Heiler ziehen diese Methode dem Handauflegen vor. Sie hat grundsätzlich ihre Vorteile, weil es natürlich Menschen gibt, die lieber nicht körperlich berührt werden wollen; zudem erlauben die Gesetze in manchen Ländern nur medizinisch geschulten Personen, andere bei einer Behandlung zu berühren.

Heiler, die die Aura einbeziehen, arbeiten oft über die Chakren, die Energiezentren. Im Bereich der Chakra- und Energiefelder kann ein beträchtliches Maß »unerledigter Geschäfte« vorliegen, und so sucht der Heiler zum Wohle des Patienten Ausgleich und Harmonie herbeizuführen.

In der Aura ist unsere ganze Geschichte gespeichert, alle Erlebnisse in diesem und in früheren Leben. Jede Ebene unseres Bewußtseins hat ihre eigene Wellenlänge und Farbe. Sich bei der Aurazeichnung auf bestimmte Grundfarben zu beschränken, ist aus diagnostischer Sicht einfacher und ermöglicht rascheres Arbeiten; gleichwohl gibt es viele Variationen und Schattierungen jeder verwendeten Farbe. In der Praxis nimmt die Sensitivität beim Aurazeichnen zu, und die Hände bringen die rechte Tönung hervor, die bei einer bestimmten Gelegenheit benötigt wird.

Die Wirkung der Farbe gelangt durch die verschiedenen Bewußtseinsebenen. Sie heilt und löst durch ihre Botschaft und ihren harmonischen Ton. Der Gemütszustand – ob friedvoll oder gestört – wird rasch offenbar, da die Farbe tief in Seele und Geist vordringt. Die Aura sehen und fühlen zu können bereichert den normalen Akt der

---

[3]   mit freundlicher Genehmigung von White Lodge

Heilung um eine zusätzliche Dimension, da so jede Ebene des ganzen Menschen bis hin zum Bau- und Lebensplan erfaßt wird.

Wissenschaftlicher Beweis

Die Existenz der Aura wurde im Jahre 1940 schlüssig bewiesen, als Semyon Kirlian bei Forschungen im Bereich der Hochfrequenz gemeinsam mit seiner Frau Valentina einen Funken beobachtete, der von einer Elektrode an seiner Ausrüstung zu einem daneben liegenden Patienten übersprang. In der Folge wurden neue Techniken und Apparate für die Elektrofotografie entwickelt. Heute ist diese als Kirlian-Fotografie bekannt und findet großes Interesse. Frühere Forschungen führten Nicola Tesla 1891 in den Vereinigten Staaten und später andere Forscher in Frankreich, der Tschechoslowakei und der Sowjetunion durch. Im ersten Jahrzehnt des zwanzigsten Jahrhunderts entwickelte Dr. Walter Kilner[4] auf dem Gebiet der Auraforschung eine spezielle Betrachtungsscheibe, um die Aura zu untersuchen. Heute wird die Kirlian-Fotografie als diagnostische Methode sowohl auf physiologischem als auch auf psychologischem Gebiet erforscht. Zwei amerikanische Ärzte, Dr. Michael Shacter und Dr. David Sheinkin, wenden diese Technik in der Psychiatrie an. Es gibt zahllose Möglichkeiten für den Einsatz der Kirlian-Fotografie in der Zukunft, nicht nur in allen Zweigen der allopathischen (schulmedizinischen) Behandlung und den vielen ergänzenden Therapieformen, sondern auch im Gartenbau und beim Nahrungsmittelanbau.

Farben beim Heilen

Was wir Farbe nennen bezeichnet die Wissenschaft als Lichtschwingung und sagt, daß alle Materie Licht ausstrahle. Die Kirlian-Fotografie hat die Existenz dieses Lichtes bewiesen, und es ist wichtig, zu wissen, daß Materie ständig Strahlung aussendet und Schwingungen

---

[4] Kilner arbeitete auf diesem Gebiet seit der Jahrhundertwende und veröffentlichte sein einschlägiges Werk, *The Aura,* bereits im Jahre 1911 (unter dem Titel *The Human Atmosphere).* [Anm.d.Ü.]

abgibt, die uns beeinflussen. Wer Farben zum Heilen einsetzt, nimmt vielleicht eine bestimmte Ebene der Aura auf, die der Behandlung bedarf, und da die Farbe Rhythmus, Schwingung und einen harmonischen Ton besitzt, lassen sich diese in den materiellen Körper übertragen. Deshalb muß bei der Auswahl von Farben zur Behandlung äußerste Vorsicht walten. Der Heiler sollte nicht eine bestimmte Farbe für eine bestimmte Krankheit bei vielen verschiedenen Patienten einsetzen, sondern sich sensitiv einstimmen, um die korrekte Tönung der Farbe zu erfahren, die beim jeweiligen Fall vonnöten ist.

Manche Heiler sagen, sie hätten Informationen über bestimmte Farben empfangen und handelten danach; doch sollten sie nach Möglichkeit offen bleiben und bereit sein, auch andere Farben zu sehen und zu verwenden, um dem Spektrum ihrer Arbeit Erweiterungsmöglichkeiten zu lassen. Wie die Menschen je nach Verständnis und Bildung unterschiedliche Bedeutungsinhalte mit einem Wort verknüpfen, gebrauchen Farb-Therapeuten die gleiche Farbe auf unterschiedliche Weise. Auch Spezialisten und Autoren verbinden die Farben mit unterschiedlichen Interpretationen. Im Rahmen dieses Buches bleiben wir bei den wesentlichen Grundfarben.

Allgemeine Bemerkung

Beim Zeichnen von Aurabildern läßt der Verfasser die Farben in interpretierender und symbolischer Weise aufs Papier kommen, so daß sie leicht zu deuten sind. Sie sind nicht in erster Linie gedacht, ein schönes, künstlerisch anspruchsvolles Bild zu erzeugen, und der Verfasser hat auch keine Ausbildung als Kunstmaler. Grundsätzlich zeichnet er die Auren mit geschlossenen Augen und entdeckte eines Tages überrascht, daß Gesichter aufzutauchen begannen (siehe Tafel 2). Dies bedeutete natürlich eine Erweiterung und war auch für die Klienten von beträchtlichem Interesse. Solche Gesichter können auf jeder der Farb-Ebenen erscheinen, werden aber normalerweise erst am Ende in Einzelheiten ausgemalt, da das Hauptaugenmerk der diagnostischen und psychotherapeutischen Interpretation des Gesamtbildes gilt. Wenn die Gesichter kommen, werden sie gewissermaßen als Zugabe gewürdigt. Manchmal erscheint deutlich die Gestalt eines Fötus in der Aura; dieses Zeichen läßt auf vorgeburtliche Probleme schließen. Ein andermal werden deutlich Zahlen angegeben. Dabei kann es sich um Tag oder Monat der Geburt handeln oder die persönliche

Grundzahl des Klienten[5]. Die Position auf der Aura–Lebenslinie zeigt den Entwicklungsstand an. Interessanterweise erscheinen diese Zahlen spontan. Wenn solche Elemente auftauchen, werden sie augenblicklich in der Deutung berücksichtigt, um die Verbindung mit dem Klienten zu verstärken. Dieser ist nicht immer mit Meditation usw. vertraut und erkennt manchmal nicht die volle Bedeutung der übermittelten Information, deshalb fesseln solche »Extras« seine Aufmerksamkeit und verbessern damit die Kommunikation.

---

[5] Die Numerologie ist die Lehre von den Zahlen und ihrer Bedeutung im Leben; im antiken Ägypten wurde sie ausgiebig praktiziert. Der Bau der Pyramiden basierte auf den Erkenntnissen von Numerologie und Astrologie.

Aurafelder

Graues Magnetfeld

Alle Linien der Aura werden mit beträchtlicher Energie und Geschwindigkeit wahrgenommen; dies gilt hier in ganz besonderem Maße. Die rechte Seite des Klienten zeigt den männlichen Aspekt seines Wesens an, die linke dagegen den weiblichen Aspekt. (In der Aurazeichnung ist die linke Seite des Klienten rechts dargestellt und umgekehrt). Die Linien wechseln und können durchgehend, unterbrochen oder manchmal auch sehr nahe nebeneinander sein. Sie geben Informationen über den Klienten, aber auch über Eltern, Geschwister und andere Angehörige.

Geschwächte Bereiche des Körpers – wo eine Krankheit vorliegen mag oder eine Operation durchgeführt wurde –, sowie mögliche Schwächen zeigen sich im Magnetfeld. Die Linien können auch Informationen über vorgeburtliche Begebenheiten liefern und in Stärke, Intensität und Vitalität wechseln. Manchmal sind sie von außergewöhnlicher Form, wie etwa im Bild des sechzehnjährigen geistig behinderten Jungen (Tafel 6).

Im Laufe von sieben Jahren hat der Verfasser mehrere tausend Auren gedeutet. Anfänglich benutzte er zur Aufnahme der Interpretation ein vor die Brust gehängtes Mikrofon. Ein Klient berichtete, daß ihm beim Abhören der Tonbandaufnahme aufgefallen sei, daß der Herzschlag des Verfassers sich enorm beschleunigte, besonders bei der Darstellung des Magnetfeldes, das oft mit ungeheurer Wucht zu Papier kommt. Diese Arbeit war erschöpfend und sogar gefährlich für die Gesundheit. Durch die Mitwirkung der geistigen Helfer wurde der erhöhte Blutdruck inzwischen normalisiert[6].

Nach dem Magnetfeld wird eine Farbe nach der anderen gezeichnet und in der hier wiedergegebenen Reihenfolge kommentiert, das heißt beginnend mit Rot bis hin zum Violett als äußerster Schicht. Die

---

[6]   Anm.d.Hrsg.: Wenn ich die Kassette anhöre, kann ich es selbst als Klient noch kaum glauben, wieviel Information in etwa eineinviertel Sekunden zu Papier gebracht werden kann!

Farben gehen ineinander über und ergänzen einander, reichen in verschiedene Dimensionen und Ebenen des höheren Bewußtseins.

Rot

Diese Farbe vermittelt Informationen über das Gefühlsleben und steht auch in Verbindung mit dem Basis-Chakra, auch Kundalini genannt. Rot assoziiert man mit dem Element Erde. Es zeigt, in welchem Grade die instinktiven Überlebenskräfte zum Ausdruck kommen – und manchmal auch erst gelangen werden –, und auf welche Art und Weise Liebe empfangen und gegeben wurde. Diese elementaren Instinkte entsprechen dem Antrieb, der in Kunst, Musik und Kultur sublimiert und verwendet werden kann. Auch die höhere Rot-Schwingung der künstlerischen Talente zeigt sich in einigen Aurabildern sehr deutlich.

Manche Menschen leiden mehr als andere unter ihren Emotionen, aber das Leben ohne Emotionen wäre recht uninteressant. Wir versuchen, den Menschen zu helfen, sich über den Urtrieb zu erheben und die Energie in andere Bereiche zu lenken. Die Überaktivität der Emotionen und sexuellen Triebe kann bei Teenagern die Lernfähigkeit behindern, in späteren Jahren zu Unausgeglichenheit in anderen Bereichen führen. Emotionale Störungen sind oft die Ursache nicht nur körperlicher Krankheiten, sondern manchmal auch eines Mangels an Natürlichkeit in Seele und Geist.

Wenn die sexuellen Energien sich zu freizügig austoben dürfen, wie es in der westlichen Welt seit den sechziger Jahren propagiert wird, können Schuldgefühle entstehen, die zu Überempfindlichkeit und zu einer Tendenz zu Wutausbrüchen etc. führen – anders ausgedrückt: zu einem Mangel an Kontrolle in anderen Bereichen. Während die körperliche Ebene zuviel Vergnügen hat, schreit die Seele vielleicht vor Pein. Die östlichen Kulturen – auch das Ägypten der Antike – legen mehr Wert auf Selbstbeherrschung.[7]

Um Sai Baba zu zitieren: »Hüte deinen Sinn vor primitiven Begierden, die nach flüchtigen Vergnügen eilen. Wende deine Gedan-

---

[7]   In der östlichen Weltanschauung wird das Leben in vier Phasen unterteilt, bekannt unter den Sanskrit-Begriffen: *brachary* – Studentenleben; *grihastha* – Haushalts- oder weltliches Leben; *vanaprastha*: sadhana – Selbstanstrengung, spirituelle Disziplin, Läuterung des Denkens; *sanyasa*: Einschließung im Interesse der Aufgabe und Meditation.

ken ab von diesen und lenke sie zu der dauernden Seligkeit, die aus dem Wissen der innewohnenden Göttlichkeit erwächst. Halte dir Fehler und Versagen der sinnlichen Freuden und des weltlichen Glücks vor dein inneres Auge. So wächst du in Unterscheidungsvermögen, Losgelöstsein und auf deinem spirituellen Wege.«[8]

Der rote Aspekt der Aura enthüllt in Verbindung mit dem grauen Magnetfeld sehr viel. Er kann schwach oder stark sein, ordentlich oder sehr unregelmäßig. Große Störung oder tiefe Liebe und Verständnis kommen hier ans Licht.

Orange

Diese Farbe zeigt die verfügbare Energie und den spirituellen Impuls aus der Vergangenheit. Orange bezieht sich auf das Sakral–Chakra und das Element Wasser. Wasser ist die Verbindung zu den höheren spirituellen Gefühlen. Orange stellt die Vitalkräfte dar, die von der Sonne in den Körper fließen. Bei der Farbtherapie dient es der Behandlung von Geschlechtsorganen und Darm, und es beeinflußt den Prozeß der Nahrungsaufnahme und Verdauung. Orange ist die Verbindung zwischen Rot und Gelb und steht für die Aufnahme und Visualisierung von Ideen sowie den Gebrauch der denkerischen Fähigkeiten. Orange ist die Farbe des Annehmens, symbolisch wiederzufinden in der Farbe der Kleidung von Mönchen und Heiligen im Osten.

Der orange Strahl wirkt als kraftvolles Anregungsmittel und kann eine direkte Wirkung auf die Körperenergie entfalten. Ferner kann dieser Strahl eine negative Haltung in positives Denken verwandeln, Begrenzungen in Selbstvertrauen. Da er stimulierend und hell ist, hat er seinen Platz in Handel und Werbung und ist deshalb nützlich für Verkauf und Präsentation. In allen Bereichen sollte er mit Vorsicht eingesetzt werden, da er sonst zu Überstimulation führen kann. Deshalb ist es nützlich, Orange mit einer sanfteren Farbe zu kombinieren oder zu modifizieren, mit der es harmonieren kann, zum Beispiel mit Grün oder vielleicht Gelb. Wird Orange behutsam eingesetzt, kann es den Erfolgswillen anregen, auch Optimismus und Mut. Beim Heilen eignet sich der orange Strahl für den Bereich zwischen

---

[8]   Jnana Vahini zitiert in *Spiritual Diary* (Eintrag für 9. März)

dem Basis- und dem Solarplexus-Chakra (d.h. unterhalb des Nabels), aber auch zur Reinigung von Nieren, Milz, Lunge oder Gefäßen.

Gelb

Diese Farbe bezieht sich auf das Denken und den Intellekt, auf den Solarplexus und das Element Feuer. Der helle, positive Strahl besitzt eine machtvolle Schwingung und kann mit seiner heilenden Wirkung ungeheuer nützlich für das Nervensystem sein. Der Solarplexus steht gewissermaßen für das Körper-Gehirn im Unterschied zum Scheitel-Chakra, das für das Denk-Gehirn zuständig ist. Gelb eignet sich gut, um diese beiden Aspekte therapeutisch auszugleichen.

Doch diese Farbe kommt nicht nur in der Körpermitte-Region zum Einsatz, sondern auch bei der Behandlung von Hautleiden. Gelb stimuliert die denkerischen und intellektuellen Fähigkeiten auf schöpferische Weise. Es ist nützlich, wenn man es verwendet, wo gelehrt und gelernt wird. Um den Tag richtig zu beginnen, berücksichtige man Gelb auch in der Küche. Natürlich sollte in jedem Raum ein Gleichgewicht der Farben herrschen, deshalb sind Kombinationen sorgfältig zu wählen. Die sieben Farben sind durch ästhetisch geschmackvolles Arrangieren von Bildern, Schmuckelementen, Blumen etc. leicht einzuführen.

Gelb öffnet sich bereits den tieferen, unterbewußten und deshalb mystischeren Aspekten der Persönlichkeit. Manche Religionen verwenden einen Gelbton in ihrer rituellen Kleidung. In der Aura steht Gelb für die Gedankenkraft, die aus früheren Leben mitgebracht worden ist.

Sowohl während der Ausbildung als auch in späteren Jahren kann Gelb das Denken anzeigen und offenbaren, ob es klar und logisch ist, oder ob es zur Zerstreutheit neigt oder von einem Interessengebiet zum anderen wandert. Zuweilen gehen gewaltige Möglichkeiten und Potentiale unter einer Vielfalt von Aktivitäten verloren; dann ist die Intuition blockiert und kann nicht ganz genutzt werden, um die denkerische Entfaltung zu unterstützen. Begabungen und Fähigkeiten, die darauf warten, zum Einsatz zu gelangen, haben vielleicht keine Gelegenheit, in diesem Leben Ausdruck zu finden zur Entwicklung der immer höher strebenden Seele.

Grün

Grün steht in Verbindung mit dem Übersinnlichen. Hier treten wir ein in unseren vierdimensionalen Bereich – in das Gebiet, in das wir uns im Schlaf begeben.

Grün assoziieren wir mit dem Herz-Chakra und dem Element Luft. Es gibt viele verschiedene Grün-Töne, deren jeder seine eigene Bedeutung und Deutung hat. Grün ist der mittlere der sieben Grundstrahlen im Farbenspektrum, die Farbe von Gleichgewicht, Frieden und Harmonie.

Grün ist die Farbe der Natur, des Grases und der Bäume. Es wirkt beruhigend und ist von großer Bedeutung und Notwendigkeit in unserem Leben. Es hat eine sympathische und wohltuende Schwingung und ist eine Erquickung für erschöpfte Nerven.

In der Aura zeigt Grün die Sonderstellung des Menschen unter anderen Lebensformen an und verbindet die niedere oder menschliche Seite mit der Seele im Innern. Es ist die ausgleichende, mittlere Verbindung in der komplexen Struktur der sieben Strahlen und Körper.

· Wir gehen nun allmählich von der Dichte des irdischen Körpers zu feineren Schwingungen über. Grün ist das Tor, durch das die höhere Information ins irdische Leben kommen kann, und hängt deshalb mit der karmischen Chance zusammen, Schwächen und Krankheitsursachen zu überwinden. Die Intensität und jeweilige Tönung des Grüns in der Aura können deshalb äußerst aufschlußreich und interessant sein; sie vermitteln Informationen, die für Wachstum und Entwicklung zu nutzen sind. Grün wird assoziiert mit dem Geist der Ewigkeit. »... Er führet mich auf frischer – grüner – Weide ...«

Blau

Hier haben wir die Verbindung mit dem Geistigen, mit Gelassenheit und Hingabe; Blau wird mit dem Hals-Chakra und dem Element Äther assoziiert. Auch hier gibt es zahlreiche Tönungen, die ein weites Spektrum von Information bieten, während wir tiefer in die Seelen-Ebene gelangen. Dies ist die göttliche Verbindung zwischen menschlichem Denken und dem Geiste; im Zusammenhang der Auradeutung gelangen wir hier vom Erdenkörper in einen Zustand der Freiheit.

Blau wird im allgemeinen als kalte Farbe verstanden und ist deshalb nützlich zur Behandlung fiebriger Zustände, von Kopfschmerzen, Rheumatismus und Fieber. Blau findet in Gottesdienst, Meditation und beim spirituellen Heilen viel Verwendung; es hat eine beruhigende Wirkung auf Nerven und Denken. Daraus folgt, daß sich diese Farbe bei der Behandlung von Schlaflosigkeit als nützlich erweisen kann. Blau ist der Geist der Gelassenheit.

In der Aura zeigt Blau die Intensität der spirituellen Übung in anderen Leben und frühere Verbindung mit religiösen Orden an. Die Information, die auf dieser Ebene vermittelt wird, kann zutiefst bewegend sein und die Lebensqualität des Klienten nachhaltig steigern. Im Zusammenhang mit dem blauen Anteil der Aurazeichnung erscheinen Gesichter spontaner und offenbaren die Nähe der interdimensionalen Verbindung zur »Regierung dort oben«. Wenn wir wirklich beginnen zu erkennen, daß wir nicht allein auf dem Wege sind, kann sich ein stärkeres Zugehörigkeitsgefühl einstellen, und die Seele auf der Erde strebt nach weiterer Veredelung, während wir uns aus den höheren Ebenen nähren. Der Mensch lebt nicht vom Brot allein.

Dunkelblau

Nun gelangen wir auf die Ebene des tieferen mystischen Grenzlandes. Dunkelblau wird mit dem Stirn–Chakra (oder dem dritten Auge und der Epiphyse) und dem Element Äther assoziiert. Wir gelangen nun immer tiefer in das kosmische Bewußtsein, und so zeigt Dunkelblau Rechtschaffenheit und Wahrnehmung an – auch die Stimme von innerem Wissen und Weisheit. Dunkelblau steht für Mut, Selbstlosigkeit und Ernsthaftigkeit und erstreckt sich in neue Wissensbereiche hinein. Wer diese Farbe in seiner Aura stark vertreten hat, kann eine sehr wohltuende und intensive Wirkung auf alle haben, mit denen er zusammenkommt.

Dunkelblau steht für höhere Disziplin aus mehr als einem Leben, das der Verantwortung gewidmet war. Beim Heilen wird Dunkelblau manchmal für den Kopfbereich benutzt; seinem Wesen nach wirkt es anästhetisch. Es ist gut gegen negative Zustände wie Angst und Frustration, auch bei nervösen und mentalen Störungen. Dunkelblau ist der Geist der Wahrheit und verbunden mit dem inneren Wissen, der »Stimme des Gewissens«.

Violett

Diese Farbe ist die direkte Verbindung zu der tieferen, spirituellen Bestimmung und zum höheren Bewußtsein, zur kosmischen Überschattung und Entwicklung. Violett assoziiert man mit dem Scheitel-Chakra am höchsten Punkt des Kopfes und ebenfalls mit dem Element Äther. Diese wünschenswerteste aller Farben sieht man bei geistigen Heilern und Lehrern des höchsten Ranges. Sie steht für die spirituellen Errungenschaften und die Macht des in der meditativen Betrachtung geschulten menschlichen Geistes. Violett zeigt die Welten über-brückende Verbindung mit Opferbereitschaft und kann als äußerste Aurahülle erscheinen in intensiver Farbe oder zuweilen als ein zarter Hauch, der sich in der Ferne verliert.

Violett eignet sich zur Behandlung verschiedener Krankheiten des Kopfes, auch für Epilepsie und Rheumatismus.

Fallbeispiele: Auradeutungen (mit Farbtafeln)

Tafel 1 1987, Akademiker in Deutschland. Es folgt eine kurze Zusam-
menfassung der Deutung; solche Gespräche dauern bis zu einer Stun-
de. A bedeutet Verfasser, B Klient.

Magnetfeld

A Sie kannten Ihren Vater nur kurze Zeit?

B Ja, meine Eltern wurden geschieden. Dann kam er während des
   Krieges für fast sieben Jahre ins Gefängnis, was ihn geistig fast
   vernichtete.

A Sie haben mehrere spirituelle Aufgaben; eine zweite hat bereits
   begonnen und überlagert die erste.

B Ja, ich hatte letzte Woche sehr intensive Visionen. Die Heilbehandlung, die Sie mir gaben, war wie eine Einweihung, und in
   der folgenden Nacht wurde mir ein Gedicht eingegeben. Wenn
   Sie Ihre Hand in meine Nähe bringen, spüre ich eine starke
   Verbindung.

Rot

A Ihr Weg öffnet sich; Ihre Linien sind in gutem Zustand, und Sie
   sollten sich auch subjektiv wohl fühlen.

Orange

A Sie haben einen tibetischen Mönch als Helfer um sich.

B Ja, Sie sagten bereits, daß ich selbst in einem früheren Leben
   Mönch in Tibet gewesen sei.

Gelb

A Sie lieben ruhige Musik.

B Ja.

A Sie haben sehr interessante Zahlen. Sie sind eine »Sieben«, das
   spricht für Sensitivität und das Ende einer Folge von sieben
   Leben.

Grün
A   Ihre Kundalini–Energie steigt auf; Sie machen rasche Fortschritte. Damit ist nicht leicht umzugehen.
B   Ja, manchmal überwältigt es mich.

Hellblau
A   Sie sind glücklich in Ihrer Ehe.
B   Ja, es ist meine zweite Ehe.
A   Sie sind gesegnet.
B   So fühlen wir uns in der Tat.
A   Ihre Hellsichtigkeit wird zunehmen – Menschen werden anfangen, Ihnen Fragen zu stellen.
B   Ja, das ist schon während Ihres Kurses geschehen.

Dunkelblau
A   Sie haben einen guten Schutz um sich, der Ihnen bei Ihrer Arbeit hilft. Fühlen Sie sich bereit, eine eigene Meditationsgruppe zu leiten?
B   Noch nicht.
A   Vielleicht meditieren Sie erst einmal zu zweit.
B   Meine Frau hat zur Zeit Schwierigkeiten; sie braucht ihre Energie.

Violett
A   Ihre Aura ist die einer alten Seele. Sie sollten ein sehr guter Heiler und Berater werden. Ihre Yin– und Yang–Energien dürften wohl ausgeglichen werden. Ihr spirituelles Verständnis und Ihre Sensitivität würden Sie befähigen, hervorragende esoterische Übersetzungen anzufertigen – Sie würden genau die richtigen Worte finden.

beim Ausmalen von Gesicht und anderen Details
A   Möchten Sie mir einige Fragen stellen?
B   Sollte ich etwas verändern?
A   Noch nicht. Warten Sie auf Weisung. Sie sind sehr sensitiv und müssen vorläufig Distanz im Mitgefühl lernen, um nicht die Probleme anderer auf sich zu nehmen. Sensitivität macht einen immer verwundbarer, selbst während man vielleicht nur die Nachrichten im Fernsehen betrachtet.
B   Die Linien scheinen nach hinten zu gehen.

Tafel 1

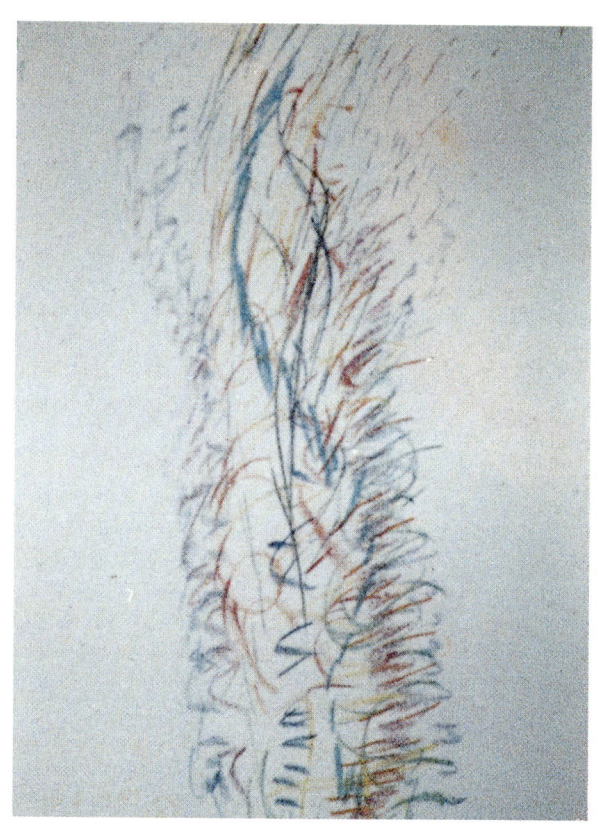

Tafel 2

Tafel 3

Tafel 4

Tafel 5

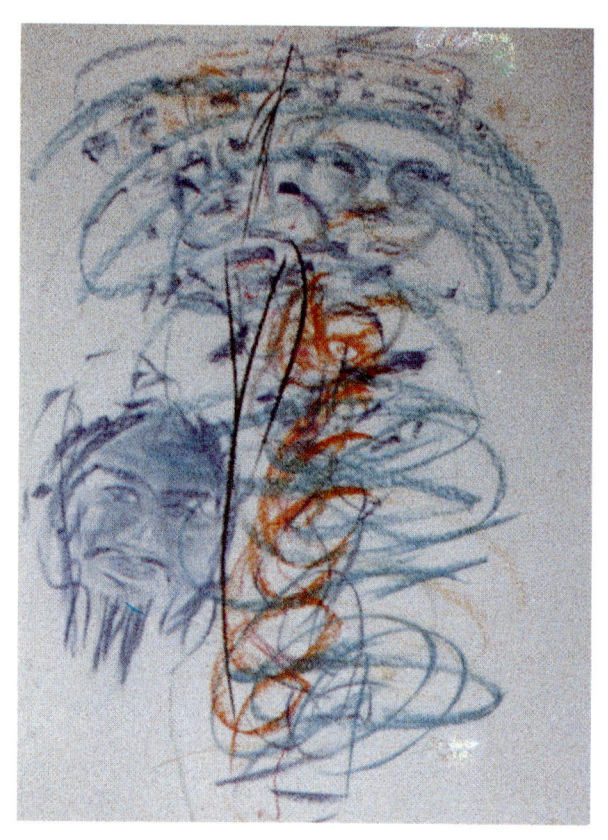

Tafel 6

40

Tafel 7

Tafel 8

Tafel 9

Tafel 10

44

Tafel 11

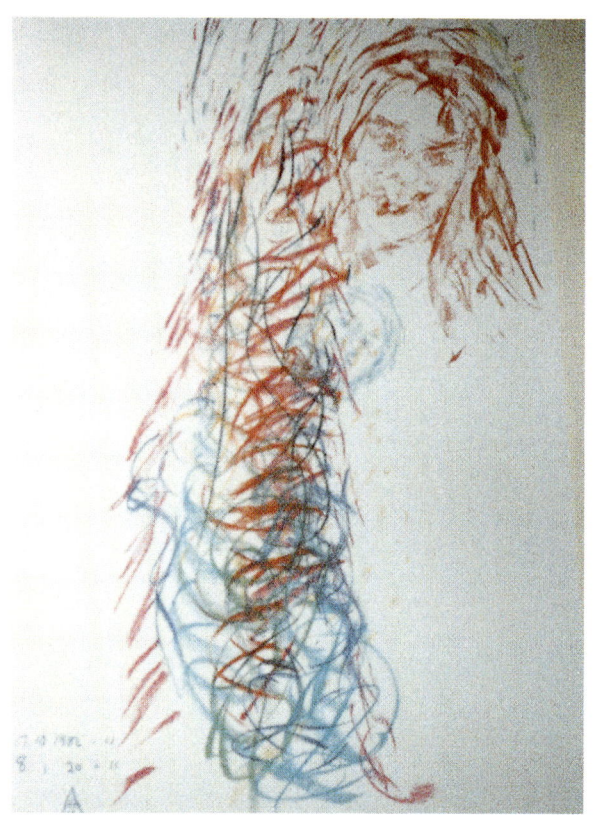

Tafel 12

Tafel 13

Tafel 14

Tafel 15

Tafel 16

Tafel 17

Tafel 18

52

Tafel 19

Tafel 20

54

A   Ja, Ihr Gewahrsein steigt auf. Sie haben eine sehr feine Qualität, die ganz offensichtlich zunimmt. Beunruhigen Sie sich nicht, wenn Sie sich hin und wieder aufgeregt fühlen; Sie werden keinen Zusammenbruch erleiden. Wenn es unangenehm ist, sagen Sie einfach: »Bitte schließt mich.« Das sieht alles recht vielversprechend aus, Sie haben einen wunderbaren Schutzmantel. Sie haben bereits ein gutes Stück des Weges hinter sich gebracht und sind nicht mehr so sehr ein Anfänger, wie Sie vielleicht meinen.

B   Ja, ich scheine eine direkte Verbindung zu besitzen.

Ein Jahr später hatte sich eine sehr komplizierte Situation im Leben des Klienten aufgelöst, und er machte sehr gute esoterische Übersetzungen.

Tafel 2 1985, Österreich
Eines der ersten spontanen Gesichter auf der rechten = männlichen Seite (obere Ecke der Aura – mit geschlossenen Augen gezeichnet)

Tafel 3 1985, Österreich
Die Aura einer 26jährigen Österreicherin. Eine relativ durchgehende schwarze Linie rechts (linke Seite des Bildes) zeigt eine starke männliche Verbindung an, eine starke Lebenslinie und einen klaren und logischen Charakter.

Die innere Linie auf der linken Seite ist unterbrochen und etwas verloren unter den späteren Farben. Orange oder die Energie ist anfangs eher schwach, wird aber stärker, während das Leben weitergeht zum unteren Teil der Zeichnung hin.

Das Rot oder Emotionalfeld erscheint kaum und ist kein Problem. Das Gelb trat auf der Zeichnung sehr deutlich hervor, zeigt sich aber auf dem Foto nicht so gut.

Etwas Grün findet sich über die ganze Aura verteilt, aber das zeigt sich am besten gegen Ende des Lebens auf der linken = weiblichen Seite (rechte Seite des Bildes) unten. Das Blau zeugt von einem guten spirituellen Verständnis. Die Gesichter kamen recht spontan hervor; das Antlitz der Ägypterin erschien auf der hellblauen Ebene, während Haar und Kopfputz des Indianers mit Dunkelblau kamen.

Tafel 4 1985, England

Das ist die sehr farbige und schöne Aura eines weiteren Heilers, der durch Gebet und Meditation sehr viel erreicht hat. Es hat offensichtlich zeitlebens Probleme gegeben, die aber weitgehend überwunden wurden. Außer dem Antlitz des weiblichen Helfers ist noch ein weiteres Gesicht gleich daneben, in der Mitte der Aura, das man noch weiter ausführen könnte. Auge und Augenbrauen sind deutlich erkennbar, auch Mund und Umriß des Gesichtes. In der Mitte der Aura ist eine Drei, ungewöhnlich der die Aura umgebende Schutz aus Dunkelblau und Violett und die weitere Schicht von Gold.

Tafel 5 1985, England

Das ist die Aura einer 28jährigen Frau, die unter Multipler Sklerose leidet. Ihre schwarzen männlichen und weiblichen Linien sind extrem unterbrochen und unregelmäßig, die Energien überkreuzen sich zeitlebens. Dabei sind die Farben schön und ein herrlicher Schutz ist wie ein Regenschirm über dem Kopf. Eine weibliche Gestalt wacht über sie, auch ein männliches Wesen, angedeutet durch das Kreuz auf der rechten Seite (linke Seite des Bildes).

Die Eltern dieser Frau trennten sich, als die Tochter dreizehn Jahre alt war; ihre Multiple Sklerose begann sich im Alter von sechzehn Jahren zu zeigen. Die Sechzehn ist auf der Aurazeichnung kurz unterhalb der Augenhöhe der Frau in der Mitte zu sehen. In der Nähe des Halses der geistigen Helferin wird das Jahr 29 gezeigt; es könnte eine Veränderung zum Besseren bedeuten.

Multiple Sklerose ist manchmal ein Mittel zur Flucht vor Verantwortung. Möglicherweise fürchtete sich die Klientin, ihre eigene Ehe würde zerbrechen – was tatsächlich geschah. Das Schlimmste ist also vorbei, und es bleibt nichts zu fürchten. Man hofft, daß sie dank fortgesetzter Behandlung aus ihrem Rollstuhl ins normale Leben zurückfinden kann.

Tafel 6 1985, Österreich

Das ist eine der wichtigsten Zeichnungen aus den frühen Jahren, sie entstand bei einer sehr bewegenden und schönen Gelegenheit. Das Bild zeigt die Aura eines sechzehnjährigen geistig behinderten Jungen in Österreich, dessen Intelligenz der eines zweimonatigen Babys entsprach. Die schwarze Linie in der Mitte oben ist überkreuzt und zögernd, dann entstand mit ungeheurer Wucht das Y auf der männlichen Seite – als ob der Junge in der Klemme säße. Auf der linken

Seite (rechte Seite des Bildes) ist nur der mittlere Teil der weiblichen Linie.

Bei der zweiten Farbe, Orange, erschienen sofort zwei Gesichter oben, ein weiteres kommt spontan in der Mitte; nach unten hin läßt die Energie dann nach.

Das Rot – der emotionale Aspekt – teilte sich überhaupt nicht mit, auch nicht das Gelb. Vom Grün zeigte sich nur eine schwache Spur, aber auf der blauen, spirituellen Ebene bewegte sich die Kreide sehr schnell. Als der Verfasser die Augen öffnete, waren sieben Gesichter auf dem Papier.

Der wichtigste Helfer, der sich auf der rechten = männlichen Seite unten (auf dem Bild links) zeigt, war extrem stark; Augen und Gesicht erschienen in Hellblau, Haar und Bart mit Dunkelblau. Dieser Helfer sprach durch den Verfasser und erklärte, der Junge sei ein tibetischer Mönch gewesen und büße unnötigerweise für eine leichte Verfehlung. Es wurde beschlossen, dieses Bild *Die Brüder wachen über ihn* zu nennen.

Tafel 7 1986, Österreich
Die »Schmetterlingsflügel«-Phase begann in Graz.

Tafel 8 1986, England
Aus der »Schmetterlingsflügel«-Phase des Verfassers

Tafel 9 1986, England
Schmetterling tritt aus dem alten Selbst hervor.

Tafel 10 1987, Deutschland
Ein Handels-Seefahrer

Tafel 11 1987, Deutschland
Die Aura eines Erblindenden. Die Ärzte hatten keine medizinische Ursache gefunden. Die Frau des Klienten bat den Verfasser, herauszufinden, warum ihr Mann sein Augenlicht verlor. Die Antwort kam im roten Feld mit »7« (Jahre alt); »F« (sein Vater Franz war gestorben, als er sieben Jahre war); »16« (seine Mutter heiratete wieder, er konnte den Stiefvater nicht akzeptieren – seine Frau bestätigte das). Auf der weiblichen Seite ist eine »17« (alles spontan bei geschlossenen Augen des Verfassers), dazu das Antlitz einer Frau. Hier manifestierte sich der weibliche Aspekt des Klienten. Er blieb zu

Hause, seine Frau war berufstätig. Interessanterweise zeigte sich das Gesicht seines Vaters auf der rechten = männlichen Seite.

Tafel 12 Deutschland
Dieser vierjährige Knabe wurde zur Behandlung gebracht, weil er sich im Verhalten verändert und angefangen hatte, seine Mutter wie Dreck zu behandeln. Er spie wiederholt nach ihr und spuckte auch gewohnheitsmäßig sein von ihr zubereitetes Essen aus.

Die Aura, die der Verfasser ebenfalls mit geschlossenen Augen malte, enthüllte, daß der Junge von einem bösen Araber-Jungen besessen war. Der Verfasser exorzierte den Eindringling, und der deutsche Knabe kehrte sofort und dauerhaft zu seinem normalen Selbst zurück. Die Seele des ausgewiesenen Arabers wurde ins Licht geführt, so daß sie nicht zurückkehren und sich an eine andere auf der Erde inkarnierte Seele heften konnte.

Tafel 13 1988, Deutschland
Diese 26jährige Mutter trug einen rot-weiß gestreiften Pullover mit Zahlen in Taillenhöhe. Der Verfasser sah sie hellsichtig in einem früheren Leben als Knaben in Konzentrationslager-Kleidung in Auschwitz. Sie sagte, daß sie bereits im Krabbelalter heftig reagierte und nicht ertragen konnte, Bilder von Konzentrationslagern im Fernsehen zu sehen. Am oberen Rand der Aura zeigt sich »Stacheldraht«. Sie erhielt eine Heilbehandlung.

Tafel 14 1989, Deutschland
Eine sehr liebevolle und weise Seele war um diesen männlichen Klienten.

Tafel 15 1989, Deutschland
Ein männlicher Verwandter, der hinübergegangen war, kam hinzu und wurde von dem männlichen Klienten identifiziert.

Tafel 16 1989, Deutschland
Die Aura einer Frau, die sich während eines Psychotherapie-Seminars als »Versuchsperson« zur Verfügung stellte.

Tafel 17 1989, Deutschland
Der Klient erkannte das Gesicht seines Bruders, der 1965 im Alter von zehn Jahren an Krebs gestorben war. Das Foto des Kindes ist unten

wiedergegeben. Die Zeichnung zeigt, daß der Knabe in den höheren Dimensionen erwachsen wurde.

Tafel 18 1989, Österreich
Die Aura einer Österreicherin. Als beim Zeichnen auf der rechten Seite unten das kleine Gesicht erschien, bemerkte der Verfasser, daß es die Großmutter der Klientin wiedergebe, die sich zeigte, wie sie in jüngeren Jahren ausgesehen hatte. Er sagte ferner, daß die Klientin zu Hause beim Durchsehen alter Familienfotos ein ähnliches Bild finden würde.

Die Klientin ging nach Hause und fand das Foto, das später zur Illustration des Aurabildes hinzugefügt wurde.

Tafel 19 1991, Deutschland
Die Aura einer Klientin aus Oberösterreich. Der Stil der Zeichnungen veränderte sich im Dezember 1990 erneut, als der Verfasser in einem anderen Hause zu arbeiten begann. Das Gesicht zeigt den Großvater der Klientin als jungen Mann. Bei diesem war sie aufgewachsen, und sie zeigte sich tief bewegt, daß er ihr noch nahestand.

Tafel 20 1991, Deutschland
Die Aura einer Klientin, die viel Leid und eine Scheidung erlebt hatte. Nun war sie nach persönlichen Prüfungen ins Licht gelangt und wird von einem wunderschönen Geistführer begleitet.

Aurafelder und Verbindung zu den Chakren

Die verschiedenen Ebenen der Aura lassen sich in einer Aurazeichnung mit Farben folgendermaßen darstellen:

Graues Magnetfeld: Grundplan und Ereignisse im jetzigen Leben, Familie und materieller Körper, Gesundheit
Dann folgen die sieben Haupt-Farbstrahlen:

Farbe	Bedeutung	Element[9]	Chakra[10]
1. Rot	Gefühlsleben und Instinkte	Erde	Basis- oder Kundalini
2. Orange	Lebenskraft und Kreativität, Disziplinhalten im täglichen Leben	Wasser	Sakral-
3. Gelb	Denken und Intellekt	Feuer	Solarplexus-
4. Grün	Sitz der Seele, Feinfühligkeit, Gleichgewicht und Harmonie, Unsterblichkeit	Luft	Herz-
5. Hellblau	Spiritueller Aspekt des Menschen, Hingabe an das Göttliche, Gelassenheit	Äther	Hals-
6. Dunkelblau	Mystisches Grenzland, Weisheit, inneres Wissen und Intuition, Wahrheit	Äther	Stirn- (3. Auge) Epiphyse
7. Violett	tiefere geistige Bestimmung, höheres Bewußtsein, kosmische Beeinflussung und Entfaltung, Inspiration, Opferbereitschaft	Äther	Scheitel-

Die unterschiedlichen Tönungen und Schattierungen innerhalb der verschiedenen Farb-Ebenen geben unterschiedliche Qualitäten wieder.

---

[9] siehe nächstes Kapitel: *Kosmische Gesetze*

[10] Das Sanskrit-Wort *chakra* bedeutet Rad. Ein Chakra ist eines der sieben Hauptzentren spiritueller Energie im menschlichen Körper. Es gibt noch viele weitere Zentren. Jedes Chakra ist mit bestimmten Drüsen und Organen verbunden.

Die Chakren

Die Chakren sind Energiewirbel in der Aura und ziehen ätherische Energie in den Ätherleib. Der materielle Körper scheint auf das durch diese Energiezentren stattfindende und durch die Aktivität gewisser Drüsen vermittelte Einfließen anzusprechen. Jedes Chakra steht mit bestimmten Drüsen und Organen in Verbindung.

Epiphyse und Hypophyse

Der Verfasser hat bemerkt, daß viele Teilnehmer seiner Seminare Hypo- und Epiphyse verwechseln. Beide Drüsen sind klein und liegen etwas unterhalb des Großhirns.

Epiphyse (Epiphysis cerebri): Über diese Drüse ist aus medizinischer Sicht nur wenig bekannt; sie liegt unterhalb des Großhirns. Nach esoterischem Verständnis wirkt sie unter bestimmten Umständen im Sinne einer Aktivierung des sogenannten dritten Auges. Interessanterweise erwähnt *Gray's Anatomy,* daß die Epiphyse bei mikroskopischer Untersuchung »rudimentäre Strukturen aufweist, die denen im Auge vergleichbar sind«. (Es gilt als bewiesen, daß die Aktivität der Epiphyse im Zusammenhang mit Lichteinflüssen steht, d.h. die Drüse ist allem Anschein nach lichtempfindlich – obwohl sie sich mitten im Kopf befindet. [Anm.d.Ü.]) Weiter heißt es dort: »Die Epiphyse ist beim Kinde größer als beim Erwachsenen, im weiblichen Körper größer als im männlichen.« Angesichts der Verknüpfung von Epiphyse und drittem Auge und so mit Medialität und Intuition erinnern wir uns vielleicht, daß Kinder oft mit »imaginären« Gefährten spielen, und daß Frauen im allgemeinen intuitiver sind als Männer, die sich wohl mehr mit dem Geldverdienen befassen müssen.

Hypophyse (Hypophysis cerebri): Der Vorderlappen dieser Drüse ähnelt, mikroskopisch betrachtet, dem Schilddrüsen-Gewebe. Die Hypophyse kontrolliert und reguliert die Tätigkeit aller anderen Hormondrüsen im Körper.

Die Epiphyse verbindet also die unsichtbaren Körper und Ebenen, während die Hypophyse die Verbindung zum materiellen Körper darstellt.

Kosmische Gesetze

Eingehüllt von unserer Aura leben und arbeiten wir – und unser Bewußtsein entwickelt sich – gemäß den großen Gesetzen, die von hoch
entwickelten Wesen überwacht werden. Diese Gesetze sind unter
verschiedenen Namen in allen Religionen wiederzufinden. – Zum Beispiel:

1. **Reinkarnation** – zur Veredelung und Vervollkommnung
2. **Karma** – Ursache und Wirkung.
   Wie du säst, wirst du ernten.
3. **Dharma** – Gelegenheit, auf die richtige Weise zu leben. Die
   Seele (Äther) wird eingetaucht in die Einweihung durch die vier
   Elemente des Planeten – Erde, Wasser, Feuer und Luft (siehe
   Tabelle *Aurafelder und Verbindung zu den Chakren*, Seite 60).
4. **Gesetz der Gegensätze** – Wirklichkeit und Unwirklichkeit
5. **Entsprechungen** (oder Harmonie)
   – unsere Seele reflektiert
   – Gleiches zieht Gleiches an
   – wie oben, so unten
6. **Ausgleich**
   – vollkommenes Gleichgewicht
   – höchste Gerechtigkeit

Zu diesen Gesetzen kommt – wie als Gewürz – der *freie Wille:* Sind
wir zur Mitarbeit bereit und schlagen wir den harten Weg ein, um
unserer Seele ihr höheres Wachstum zu ermöglichen? Oder werden wir
den leichten und bequemen Weg wählen und in diesem Leben nur
wenig vorankommen? Der Weg der Jüngerschaft ist ein Weg der
Selbstdisziplin.

Alles, was wir bisher erlebt und errungen haben, ist in unserer
Aura aufgezeichnet. Jesus sagte: »Laßt euer Licht leuchten vor den
Menschen.«

1. Bemerkungen zum Gesetz der Reinkarnation

Wer bist du?
Ich bin ein namenloser Reisender.

Woher kommst du?
Von den Sternen.

Wozu bist du hier?
Um mich zu vervollkommnen.

Wohin gehst du?
In meine Zukunft.

Und was bist du?
Ich bin ein Mikrokosmos im Makrokosmos.

Dann mußt du einen Namen haben!
Ich bin keiner.

W.P.L.

Der Zweck dieses Gesetzes ist die Veredelung und Vervollkomm-nung, das höchste Ziel ist die Vergeistigung der Materie.

Das Prinzip der Reinkarnation wird immer noch mit vielen falschen Vorstellungen assoziiert. In Wirklichkeit ist es recht einfach.

Ein gängiger Mythos sagt etwa, daß wir als Tier wiederkehren müssen, wenn wir uns nicht benehmen. Das ist nicht wahr. Jede Form des Lebens hat das Recht, sich vom Niederen zum Höheren zu ent-wickeln, das heißt von einem Zustand der Unvollkommenheit in einen Zustand größerer Vollendung, von der Erde über die Zelle zu Seele und Geist – von dem einen Bewußtseinszustand in einen höheren – von einer Anschauung über Leben und Wahrheit zu einer tieferen Erkenntnis größerer Wahrheit. Diese werden Schritt für Schritt offenbart, während das Leben wächst und sich in der dreidimen-sionalen, materiellen Existenz entfaltet. In der Bibel wird dies als Himmelfahrt dargestellt, in esoterischen Begriffen ist es bekannt als das Prinzip der Stufenleiter.

Über Jahrmillionen hat sich der Planet Erde entwickelt. Zuerst war er rotglühend, dann kühlte er langsam ab, bis er verschiedene

Formen des Lebens tragen konnte. Durch alles strahlen Universelles Bewußtsein und Energie, die wir Gott nennen. Alle Existenz ist schöpferischer Geist, der wächst und sich Ausdruck gibt durch das, was wir als den sich immer weiter ausdehnenden Kosmos[11] kennen. So finden wir überall die elementaren Formen von Bewußtsein und schöpferischer Intelligenz: im niedersten Sandkorn, in höherer Form im Gras und anderer Vegetation, dann weiter sich fortbewegenden Lebensformen, in Fischen, Vögeln, Säugetieren und Menschen, sobald diese jeweils von einer Nahrungskette getragen werden konnten.

So entwickelte der Mensch sich über Millionen von Jahren aus Myriaden Lebensformen und ist auf der Erde bisher die vollkommenste Form des Lebens. Der Mensch ist ein höchst komplexes Beispiel der Entwicklung. Wir sehen, daß es in der Menschheit viele unvollkommene Zustände gibt, die mit der nötigen Pflege gebessert werden können, bis Fürsorge, Interesse, Achtung und Ehrfurcht vor allem Leben allgemein Gültigkeit haben.

Dies gilt auch für unsere zahlreichen Bewußtseinszustände, die in die Gene in unseren Zellen eingesenkt sind, sowie für unser Denken. Unser Denken und Körper wurden vom schöpferischen Geist programmiert, indem dieser sich durch Geist und dann Seele projizierte. So entstand der Mikrokosmos des Makrokosmos in einer Reihe von Abstufungen und Verwandlungen der Kraft und Energie, so daß uns keine »Sicherung durchbrennt«. Dieses Abstufen geschah durch die sieben Farbstrahlen, Schwingungen und Rhythmen, die vielen Ebenen des höheren Bewußtseins und der verschiedenen Dimensionen.

Auf die gleiche Weise, wie sich alle Formen sichtbaren Lebens einschließlich des menschlichen Körpers entwickeln, entfaltet sich auch das menschliche Bewußtsein.

Bewußtsein, Seele und Geist erfahren einen Veredelungsprozeß durch die Reinkarnation über viele Tausende von Jahren, durch viele Leben, manchmal als Angehöriger des männlichen, dann wieder des weiblichen Geschlechts, mal der einen, dann wieder einer anderen Rasse, mal als Priester, als König oder Bettler, um karmisch bedingte Programmierungsschwächen zu überwinden.

---

[11] Das Radioteleskop von Jodrell Bank hat viele Milchstraßen fotografiert. Bei solchen Aufnahmen ist eine sogenannte Rotverschiebung des sichtbaren Lichtspektrums festzustellen, aus der die Wissenschaftler schließen, daß das Universum sich ausdehnt, das heißt, daß immer noch neue Welten erschaffen werden.

Mit anderen Worten: Der Schöpferische Geist senkt sich selbst in einem Prozeß der ständigen und nie-endenden Veredelung und Vervollkommnung in die Vielfalt aller, auch der elementarsten Lebensformen. Unser Körper ist ein vorübergehendes Zuhause für die sich weiterentwickelnde Seele. Unser bleibendes Selbst oder das »Ich bin«, der Geist, sammelt Erfahrungen in vielen Leben als eine Seele in einem irdischen Körper. Der Geist ist der Architekt, der bestimmende Faktor für unser Leben; die Seele ist die Persönlichkeit und der Baumeister des Körpers und der Umstände, die wir benötigen, um die Schwächen in unserer Programmierung zu überwinden, die vielleicht durch den Mißbrauch unseres freien Willens verursacht sind.

Unsere bleibende Identität, das »Ich bin«, der Geist, setzt seinen Veredelungsprozeß durch viele Leben fort, bis er genügend entwickelt ist, um selbst wieder in den Ozean der Seligkeit einzutauchen – aus dem er immer noch von neuem hervortreten kann, um sich einer bestimmten Aufgabe zu widmen. Diesen Weg wählten die großen Meister und Lehrer, die sich von Zeit zu Zeit der Erde nähern oder sie sogar besuchen.

· Am Ende also, wenn aller Egoismus verwandelt worden ist – wenn wir das Selbst ausgelöscht haben, den irdisch-materiellen Körper, die vielen Bewußtseinsebenen und die Erinnerungen der vielen Leben hinter uns gelassen haben –, stellen wir fest, daß wir nichts anderes sind als reines Wesen; es gibt keine Dualität zwischen Gott und uns. Wir werden eintauchen in den Ozean der Liebe und des Lichtes, in das Wesen und die Energie, die wir Gott nennen.

Alles ist eins.

2. Der Konflikt des Karma

- Das Gesetz von Ursache und Wirkung
- Wie du säst, so wirst du ernten.
- Es gibt körperliches, mentales und spirituelles Karma.
- Es gibt auch persönliches, Familien-, Gruppen-, nationales, planetares und Welt-Karma.

Der Konflikt zwischen den vielen Ebenen und Ansprüchen des höheren und des niederen Selbst in unserem »Ich bin« ist die Ursache der meisten unserer Schwierigkeiten. Doch das ist noch nicht alles, denn wir sind auch noch in allen anderen Karma-Ebenen gefangen, das heißt nicht nur in unserem persönlichen – körperlichen, mentalen und spirituellen – Karma, sondern auch im Karma der Familie, Gruppe, Nation, unseres Planeten und der Welt.

Karma ist also keineswegs eine einfache Angelegenheit, und das mangelnde Verständnis für seine Gesetze und zahlreichen Zusammenhänge ist Ursache vieler Widersprüche und Verwirrung bei denen, die sich mit Esoterik befassen. Dieses universelle Gesetz ist zwar eine unvermeidliche Verpflichtung ·oder Pflicht, doch sollten wir nicht vergessen, daß nicht alles in unserer Vergangenheit schlecht ist. So viele Menschen leiden unnötig und sagen »Oh, das ist mein Karma.« Sie glauben offenbar, daß sie nichts daran ändern können, doch dies ist nicht wahr. Manche unserer vielen Leben sind zweifellos etwas negativ, andere hingegen bei weitem positiver und hilfreicher. In jedem Leben werden wir von unserer Umgebung beeinflußt und können unser wahres Selbst nicht immer zum Ausdruck bringen – vor allem in jüngeren Jahren. Wir sind vielleicht eingeschränkt durch die Meinungen und Umstände unserer Familie, der Lehrer und später von jenen, für die und mit denen wir arbeiten. Erst wenn wir größere Reife erlangt haben, fürchten wir uns nicht mehr, die eigene Meinung auch dann zu äußern, wenn andere sie nicht teilen. Wir treffen also nicht nur auf äußeren Widerstand gegen unser persönliches Vorankommen und Verständnis, sondern wir behindern uns auch selbst.

Das **körperliche Karma** trifft uns hauptsächlich durch den Bauplan unseres Körpers auf genetischer Ebene: die Einflüsse von Familie und Nationalität sowie Neigung zu Krankheiten, die historisch und geographisch bedingt sind. Krankheit ist das äußere Symptom einer Störung des Gleichgewichts auf tieferen Bewußtseinsebenen. Das sogenannte Leiden kommt von uns selbst und ist eine Wachstumschance für die Seele.

Das **mentale Karma** stammt aus unserer eigenen Vergangenheit und nimmt aus den Einflüssen unserer ganzen Umgebung Gestalt an. Wir müssen unseren eigenen, inneren Frieden finden.

Spirituelles Karma entsteht, wo wir unseren freien Willen mißbrauchten und uns für ein »*Will nicht!*« frei entschieden haben. Unser Mangel an Zusammenarbeit mit der höheren Führung hindert unser Vorankommen. Die Gesetze sind unentrinnbar und begegnen uns immer wieder, bis wir uns richtig verhalten. Solange wir unserem persönlichen Ego erlauben zu dominieren, währt der Einfluß von Problemen aus früheren Leben in der Gegenwart. Wenn wir lernen, zurückzutreten und die Bedürfnisse anderer an die erste Stelle zu setzen, wenn wir bedingungslose Liebe lernen und ausstrahlen, dann wird die Vorherrschaft unseres primitiven Ichs geschwächt, und wir können anfangen, echten spirituellen Fortschritt zu machen.

Wir müssen auf unser höheres oder inneres Selbst lauschen und dürfen nicht zulassen, daß sich das persönliche, kleine Ego unserer höheren Führung in den Weg stellt. Wenn wir versuchen, uns von ihm zu distanzieren, sind wir vielleicht zunächst verwirrt und unsicher. Doch nach einer Weile werden die Dinge klarer, und wir lauschen auf die Weisung von unserem höheren und wahren Selbst. Unser kleines Ego wird weiterhin Ausreden und Rechtfertigungen vorbringen für sein falsches Denken und seine schlechten Gewohnheiten. Es kann dominieren und die Bedürfnisse unseres höheren Ichs leugnen. Solange unser kleines Selbst sich auf der körperlichen Ebene austobt, indem es den Sinnen freien Lauf läßt, kann unser höheres spirituelles Selbst empfindlich gestört werden. Alles was wir denken, sagen und tun, wird im Gedächtnis der Natur und in der Akasha-Chronik aufgezeichnet; dem können wir nicht entrinnen. Wir begrenzen unseren Fortschritt selbst. Wir schreiben unser Karma selbst, und nur wir können es löschen.

Viele Menschen denken, daß wir unter unserem eigenen **persönlichen Karma** zu leiden haben und gleiche Situationen erneut durchleben und aufarbeiten müssen. Dies trifft weitgehend zu. Doch es ist auch möglich, solchem Karma vorzubeugen, indem wir allem Leben und den Bedürfnissen der Welt dienen. Das Motiv muß allerdings ein echtes und wahres Verlangen sein zu dienen – wir dürfen diesen Weg nicht als ein Mittel kalkulieren, um Schwächen in unserer Karmabilanz auszugleichen, die wir noch nicht überwunden haben. Wir müssen an einen Punkt kommen, an dem wir bereit sind, uns vom alten Selbst abzuwenden.

Wir wählen auch den Einfluß unseres **Familien-Karmas** und verbinden uns mit allen Problemen jedes Angehörigen unserer Familie. Wir wachsen, indem wir uns in dieses Konfliktfeld begeben – und viele Menschen wundern sich, warum sie je einverstanden waren, sich in eine solche Situation inkarnieren zu lassen. Doch dadurch wachsen wir. Wir kommen im Interesse unseres eigenen, einzigartigen und individuellen Weges und Fortschritts, und durch dieses Erlebnis gelangen wir am Ende zur Reife.

Es ist interessant, verschiedene Mitglieder einer Familie zu beobachten; denn sehr unterschiedliche Menschen können aus dem gleichen familiären Umfeld hervorkommen. Wir nehmen nicht nur das

Karma der familiären Umgebung an, sondern auch alles, was im Laufe der Zeit in den Genen dieser Familie einprogrammiert wurde. Auch hier findet ein allmählicher Veredelungsprozeß auf Zell-Ebene statt, nicht nur auf der bewußten körperlichen Ebene, sondern auch im Unbewußten.

Wir verlassen die Familie und gehen hinaus in verschiedene Gruppen, in die schulische oder berufliche Umgebung, und verbinden uns mit einem weiteren Spektrum von Bedürfnissen und Zusammenhängen. Wir nehmen auch das Karma aus der Programmierung solcher Gruppen an.

Darüber hinaus sind wir dem **nationalen Karma** unterworfen, das in der Geschichte unserer Nation aus allem entstand, was sie in der Vergangenheit getan hat und heute zu tun hat. Dazu gehören die Faktoren, ob unser Volk Krieg geführt und auf negative Weise ein großes Reich aufgebaut hat, oder ob mit dem Aufbau eines Weltreiches auch Elemente verbunden waren, die zur Verbreitung von Bildung und Entwicklung beitrugen – auch ob die Nation jetzt bereit ist, diese Art von Ego-Vorherrschaft aufzugeben und eine friedensstiftende und humanitäre Rolle zu übernehmen.

Wir sind auch eingebettet in **Welt-Karma,** das heißt, die Verpflichtung, uns bewußt zu machen, daß alles Leben geachtet werden muß – nicht nur, um die Atmosphäre um unseren Planeten zu schützen, sondern auch das große Meer des kollektiven Unbewußten, das die gesamte Geschichte allen Lebens auf der Erde enthält, mit ihren negativen ebenso wie mit den positiven Aspekten.

Das bringt uns schließlich zum **planetaren Karma,** in dem jeder einzelne von uns eine Verantwortung trägt für das, was von dem Planeten ausgestrahlt wird in unser Sonnensystem und den Kosmos.

Jeder einzelne hat die Verantwortung, positive und gute Gedanken auszustrahlen. Sie werden in vollem Maße zurückkehren.

3. Die Disziplin des Dharma

- die Gelegenheit zu Veränderung und Besserung
- Verhaltensmaßstab und Selbstdisziplin
- rechtes Leben
- Gerechtigkeit
- Wahrheit
- Tugend

Das ist die Gelegenheit für rechtes Leben, der Stand dessen, was man errungen hat. Innere Läuterung und Harmonie, das Beachten und Befolgen der Stimme des Gewissens. Die Seele (Äther) wird eingetaucht in die Einweihung durch die vier Elemente des Planeten: Erde, Wasser, Feuer und Luft (siehe Tabelle auf Seite 60) durch die Anweisungen, die die Aura birgt, und durch die Tätigkeit der Chakra-Energiezentren.

Der Mensch hat die Pflicht, sich in Übereinstimmung mit den großen Gesetzen zu verhalten. Wir müssen auf unsere innere Stimme lauschen, auf die Stimme unseres höheren und reifen Selbst, und uns entsprechend verhalten. Wir sollen immer aufs Beste bemüht sein, wahrhaftig und ehrlich zu leben – nicht nur, wenn wir uns beobachtet fühlen. Wir sollten daran denken, daß das Universelle Bewußtsein, das wir Gott nennen, jederzeit alles aufzeichnet, was geschieht. Sai Baba übersetzte und zitierte aus dem Sanskrit: »Abgeleitet von der Wurzel *dha* ist Dharma das, was getragen wird. Wie Kleider die Würde der Person erhalten, die sie trägt, so ist Dharma das Maß der Würde eines Volkes.«

Durch die Elemente Wasser (Emotion), Luft (denkerische Unterscheidung), Feuer (der eigentliche Sinn der Liebe und der Geist im Innern) und Erde bringen wir die göttlichen Aspekte des Vorangegangenen in das Körperliche, um die Materie zu vergeistigen. Dharma bedeutet, der inneren Weisung und dem inneren Ideal zu folgen, das heißt dem Stand und Gewahrsein, die man in den vielen Leben bisher erreicht hat. Innere Läuterung und Harmonie erwachsen aus dem Befolgen der höheren Impulse der inneren Stimme: um guten Geschmack zu entwickeln, um Wahrheit und Tugend zu folgen, um Gerechtigkeit zu wirken und ständig die Bedürfnisse der anderen zu achten. Dharma bedeutet nicht, den eigenen, oberflächlichen Launen zu folgen, sondern den höheren Gesetzen zu gehorchen. Der Eigenverantwortung für alles, was wir denken, sagen und tun, können wir nicht entfliehen. Das Dharma hat seinen Sitz im höheren Ich als Konsequenz des Aufgebens niederer Sinnesbegierden.

Wahrheit

Fliehe die Masse und weile in Wahrhaftigkeit.
Begnüge dich mit deinen Gaben, seien sie auch gering.
Horten bringt Haß, Aufstieg macht schwindelig.
Die Menge hat Mißgunst, und Erfolg blendet alle.
Verlange nicht mehr, als dir bestimmt ist.
Arbeite wohl, um andere klar zu beraten,
und Wahrheit soll dich befrei'n, es gibt keine Angst!

Quäle dich nicht gekrümmt zur Wiedergutmachung,
noch setze alles auf das wetterwendische Glück.
Großen Frieden findest du in kleinen Geschäften,
und der Krieg tritt nur gegen die geschärfte Ahle.
Suche nicht, du irdenes Gefäß, die Wand zu zerbrechen.
Füge dich und höre auf andere,
und Wahrheit soll dich befrei'n, es gibt keine Angst!

Was Gott senden wird, empfange es freudig.
Für diese Welt zu ringen, bedeutet den Sturz.
Hier ist nicht deine Heimat, nur Wüstenei,
weiter, Pilger, auf; verlasse deinen Stall.
Erkenne dein Land, blicke auf und danke Gott für alles.
Halte dich auf dem hohen Weg, deine Seele als Pionier,
und Wahrheit soll dich befrei'n, es gibt keine Angst!

Geoffrey Chaucer
engl. Dichter (1340–1400)

4. Das Gesetz der Gegensätze

+	−
männlich	weiblich
gebend	empfangend
Sonne	Mond
Yang	Yin
Sommer	Winter
Licht	Dunkel
heiß	kalt
Tag	Nacht
aufwärts	abwärts
klein	groß
schnell	langsam
aktiv	passiv

Dies bezieht sich auch auf die Unwirklichkeit und Zeitlichkeit des Lebens auf der Erde, im Gegensatz zur Wirklichkeit des fortdauernden Lebens von Seele und Geist.

Die Tatsache des schöpferischen Prinzips, das danach verlangte, viele zu sein; die Tatsache der Göttlichkeit gegenüber der Scheinwelt der Vielfalt.

Das große »ICH BIN« wird die vielen kleinen »Ich bin«.

Die kosmische Illusion, durch die die höchste Wahrheit durch die Unwissenheit und Täuschung des Lebens auf der Erde verschleiert wird.

5. Die Regel der Entsprechungen
oder: das Gesetz der Harmonie

– unsere Seele spiegelt wider
– wie oben, so unten

Unsere Seele ist eine Widerspiegelung oder Projektion des Geistes. Unsere Seele ist unserer Aura vergleichbar und birgt einen geistigen Plan. Diese Weisungen verschmelzen im Augenblick der Empfängnis in einem Lichtsamen, wobei der männliche Same und das weibliche Ei das Leben aufbauen, das wir brauchen.

Ein ständiger Strom über die vielen Bewußtseinsebenen verbindet den tiefen Geist mit der elementarsten Materie und dem Bewußtsein. Es gibt noch nicht in Erscheinung getretene Bewußtseinszonen, die erst zu zähmen sind, und das ist ein Teil des Konflikts zwischen den Kräften des Lichts und den Mächten der Finsternis. Da der Kosmos sich weiter ausdehnt und wächst, wird es immer unentwickelte Bereiche geben, die darauf warten, daß Licht in sie einströmt. Alles sichtbare und unsichtbare Sein sucht seine Widerspiegelung in größerem und stärkerem Licht und Energie. Was auf der Erde jetzt zu sehen ist, ist eine Reflexion dessen, was in der Vergangenheit vorbereitet wurde. Heute bereiten wir die Zukunft unserer Kinder und Enkel – und unsere eigene Wiederkehr – vor.

Kreisläufe und Rhythmen, Schwingungen und Folgen sind in einem ständigen Zustand der Bewegung und Aktivität, reflektieren vom Höheren zum Niederen, vom Niederen zum Höheren. Wir sprechen hier von Schwingungen, nicht von einem Himmel irgendwo hoch oben am Firmament und einer Hölle irgendwo tief unten in der Finsternis. Unsere Haltung gegenüber allen Dingen spielt im Gesetz der Harmonie und Entsprechungen eine wesentliche Rolle. Hier übergeben wir unseren Willen dem Willen der Energie, die wir Gott nennen. Göttliche und höchste Gerechtigkeit warten auf uns. Hier erreichen wir Gleichmut, vollkommene spirituelle Erleuchtung und Buddhaschaft.

Der Buddhismus lehrt, daß Leiden durch menschliches Verlangen verursacht ist und aufhört, wenn die Begierden aufgegeben sind. Der achtfache Pfad des Buddhismus besteht aus Verhaltensprinzipien, die den Weg zur Erleuchtung bilden. Es sind dies: rechtes Verstehen, rechtes Denken, rechtes Reden, rechtes Handeln, rechtes Leben, rechtes

Streben, rechte Wachsamkeit und rechte Meditation. Das ist der Weg zum Nirvana, zum höchsten Ziel des Buddhisten.

In verschiedenen Lehren und Büchern wird berichtet, daß Jesus die Zeit zwischen seinem dreizehnten und dem 29. Lebensjahr in Indien verbracht habe, wo er die buddhistischen Lehren kennenlernte, und daß er von der Bruderschaft der Essener unterwiesen worden sei.

Keine Seele reist allein durch dieses komplizierte Labyrinth der großen Gesetze – jede ist begleitet von einer besonderen Seele aus den höheren Dimensionen und je nach ihren Bedürfnissen und Aufgaben von vielen weiteren Helfern.

Du bist nie allein. Es gibt keine Trennung. Liebe hält alle Dinge zusammen.

6. Das Prinzip des Ausgleichs

–   vollkommenes Gleichgewicht
–   höchste Gerechtigkeit

Im Leben beobachten und erfahren wir selbst viel offensichtliches Unrecht. Allem Anschein nach müssen Unschuldige leiden, denn es gibt wohl keinen erkennbaren Grund in diesem Leben.

Doch wir müssen uns erinnern, daß es viele Ebenen des Bewußtseins und viele Seinszustände gibt; zu jedem gehören eigene Entwicklungsnotwendigkeiten.

So sollten wir vielleicht in Betracht ziehen, daß eine Wachstumschance für die Seele von einer anderen tieferen Ebene angeboten wird. Das ist nicht zwangsläufig eine Wirkung des Karmagesetzes. Es könnte das Gesetz der guten Gelegenheit sein, das die Situation nutzt, damit die Seele durch rechtes Handeln zu einem tieferen Verständnis und Erkenntnis der Wahrheit und Wirklichkeit gelangen kann.

Das Gesetz des Ausgleichs, das Gesetz des vollkommenen Gleichgewichts und der höchsten Gerechtigkeit, wird bei der ersten Gelegenheit Wiedergutmachung leisten mit einem gleichen Maß von Erfolg und Glück, abhängig immer davon, wie eine Seele zuerst reagierte. Die Evolution wird fragen: Wurde die Lektion gelernt?

Jede auf rechte Weise bewältigte Prüfung ist eine Einweihung durch das Leben, sie führt weiter zum Aufstieg auf der Leiter des Fortschritts und der Veredelung.

Sieben Meditationen zur Förderung
des inneren Wachstums und Friedens

Unser Regenbogen
eine Meditation über die Farben

Wir ziehen aus dem Regenbogen des Kosmos in den Regenbogen der Erde. Wir gehören zu der Welt des Lichts. Im weißen Licht sind alle Farben, alle Schwingungen und Rhythmen. Das nächste Mal, wenn du am Himmel einen Regenbogen siehst, verweile und schaue und denke wirklich an die Farbe Rot – ein schönes warmes, weiches Rot, das uns an die Mutterliebe denken läßt, an ihr zärtliches Gefühl zu ihrem Neugeborenen. Laß uns denken an die Augen des Babys, wenn sie uns anblicken. Es ist so hilflos. Es blickt uns an voll Ernsthaftigkeit, Vertrauen und Neugier. Wenn es die Augen der Mutter oder des Vaters findet, zeigt das Baby – ein wunderbarer Augenblick – ein Lächeln des Erkennens. Babys können nicht mit Worten sprechen, sie sprechen mit ihren Augen.

Und nun laß uns an Orange denken, an das Aufsteigen der Energie. Orange, eine lebenserfüllte Farbe, eine Farbe, die uns mit der Lebenskraft verbindet, aber auch die Farbe einer höheren Liebe – der bedingungslosen Liebe, die den Seelen hilft, ihr Leben dem Dienen zu weihen.

Laß uns an Gelb denken, die Farbe des Frühlings, der Schlüsselblumen und Osterglocken. Die Farbe des Denkens, der Intelligenz, die Verbindung mit den höheren Bereichen in uns – die Farbe der Sonne, die uns Wärme und Leben bringt.

Laß uns an Grün denken – die Farbe des Gleichgewichts – die Farbe des Grases und der Bäume, die Farbe der vierten Dimension, des Astralen. Hier nähern wir uns den Gefühlen und höheren Emotionen. Wenn wir an Instinkte, Intuition und Inspiration denken, beginnen wir uns mit unserer eigenen Seele zu verbinden, unserem höheren Selbst.

Nun wollen wir an die Farbe Blau denken – das Blau des Sommerhimmels, das widergespiegelt wird auf dem Wasser eines Sees oder des Meeres. Das Blau der Unschuld in Kinderaugen. Blau verbindet uns mit dem Element Luft. Wir denken an das geistige Wesen und an Hingabe. Eine weitere Farbe des Dienens.

Nun wollen wir an Dunkelblau denken, eine reinigende, konzentrierende Farbe, die Farbe des Abendhimmels und der nahenden Nacht. Wir denken an die Intuition und unser höheres Selbst, unser wahres Selbst.

Nun stelle dir die Farbe Violett vor. Denke an das kleine Veilchen, dessen botanischer Name der Farbe ihre Bezeichnung verlieh. Violett führt uns am nächsten zu Gott, über unsere Intuition und in die Inspiration. Mit dieser Farbe gelangen wir hinaus zu den Sternen. Wir lassen uns einige Minuten in unserer Vorstellung treiben und unternehmen eine kleine Reise in dein wahres Zuhause im Kosmos, zu deiner dauerhaften Identität – deinem wirklichen Selbst. Was war dein ursprünglicher Lebensplan? Lebst du in Übereinstimmung mit diesem Plan? Bist du in Harmonie mit deinem Geist? Hast du deine Bestimmung gefunden?

Nach der Meditation

Nach einer Meditation von etwa zehn Minuten stelle dir abschließend vor, von einem Ei aus weißem Licht umgeben zu sein. Sage: »Ich bin im Licht.« Atme das Licht in dich ein und sage: »Das Licht ist in mir.« Nun sprich: »Ich bin das Licht.« Laß jetzt die schwingende Farbe Violett einen samtenen Mantel um dein Licht–Ei bilden und ziehe sie eng um deinen Körper. Hülle dich vollständig darin ein, komme langsam auf die Erde zurück und sage: »Bitte schließe mich.«

Spontane Meditation,
Augsburg,
Februar 1988

Die Macht des Inneren Selbst
eine Meditation mit freier Farbenwahl

Wir begeben uns tiefer in unser inneres Selbst und stellen fest, daß es unerforschte Bereiche unseres Bewußtseins und Könnens gibt. Neue Sensitivität und neues Gewahrsein öffnen sich Fenster um Fenster, Tür um Tür. Tritt also ein in dein inneres Bewußtsein – und da findest du eine wunderschöne Rose. Wähle selbst die Farbe der Blüte. Diese Rose zeigt viele Schattierungen der Farbe, die du gewählt hast.

Wenn du es wünschst, kannst du – beginnend mit Rot – durch die sieben Farben der Chakren gehen und die Farbe deiner Rose nach Belieben ändern.

Deine Rose ist wunderschön, samtig weich und alles umfassend; sie besitzt einen besonderen Duft. Verbinde sie mit dem Licht und der Liebe der kosmischen Energien. Bitte, daß alles, dessen du bedarfst, auf natürliche Weise in dein Leben fließen möge. Lasse los von den Ängsten und Fixierungen. Zerstreue alle Verzweiflung und Trübsinn und bringe Licht und Freude herein.

In den Tiefen deiner Seele und deines Geistes ist soviel Schönheit. Du hast bereits gute Fortschritte gemacht und bist viel weiter, als du meinst. Du bist bereit, einen weiteren großen Schritt voran zu gehen, um mehr und mehr die Verantwortung in deinem Leben zu übernehmen und dich nicht von den Winden der Veränderung abbringen zu lassen, die von Zeit zu Zeit wehen mögen.

Jener Wind der Veränderung kommt, um dich fester auf deinem Kurs zu halten – um dich in die richtige Richtung zu weisen. Er hilft dir, das zu ordnen, was für dich gedacht ist, und die tiefe Freude kennenzulernen, die du erfährst, wenn du spürst, daß du auf deinem Wege bist. Wenn du dann deinem Wege folgst, für den du gedacht bist, mag es wohl immer noch einiges Auf und Ab geben, während du deine Erfahrungen sammelst. Doch dein Vorankommen gleicht die anderen Erfahrungen mehr als aus, die du viel schneller überwinden kannst.

Es ist nicht nötig, Dinge bewußt und auf unangenehme Weise wiederzuerleben. Laß einfach zu, daß sie sich auf sanfte Weise entfalten. Gestatte keine aggressiven Therapien für Körper oder Gemüt, sondern nur den sanftesten esoterischen Zugang, den homöopathischen

Weg; oft bedarf es nur einer leichten Berührung wie von einer Feder, ein andermal nur eines Wortes. Sie berühren Seele und Geist, und dann kann die Heilung von den tiefsten Ebenen aus eingeleitet werden.

Manchmal bedarf es nicht einmal einer Berührung oder eines Wortes; es genügt ein Blick von deiner Seele in die Augen des Menschen, dem du helfen möchtest. Es mag ein Blick der Liebe, ein Blick der Stärke oder ein Blick des Fragens sein. Manchmal ist es einfach deine Ausstrahlung, wenn du den anderen in deine Aura aufnimmst und ihn wie in einen schützenden Mantel hüllst.

Manchmal sind es vielleicht nicht die Worte, sondern der Klang deiner Stimme, der sanft das innere Bewußtsein liebkost, um Frieden, Ruhe und Stärke aus der Kraft deines eigenen Reservoirs zu vermitteln. Darin liegt deine Stärke – nur den einen »homöopathischen« Tropfen zu geben, der notwendig ist, im richtigen Augenblick und dem richtigen Menschen.

Auf diese Weise kannst du dem tiefen Bewußtsein tiefgreifende Heilung vermitteln und alles hervorbringen, was gut und wahr ist in deinem wahren Selbst. Das wahre Selbst ist nicht, wer du zu sein glaubst, noch für wen andere dich halten – sondern wer du wirklich bist – das Atman.

Spontane Meditation,
Oberhaching bei München,
Oktober 1988

Der Umgang mit »Blockaden«
eine Meditation

Wir lesen und verstehen, daß die Wissenschaft die Grenzen des Wissens immer weiter zurückschiebt. Dies wollen wir jetzt auch tun – euer Verständnis für euer eigenes Selbst erweitern, Selbstheilung aus eurem Inneren hervorrufen. Da seht ihr die Dinge besser im rechten Zusammenhang und erkennt, daß nichts in euer Leben kommt, was ihr nicht bewältigen könnt, daß aber dieses Überwinden von euren höheren und tieferen Ebenen ausgehen muß und die verschiedenen Verständnisebenen in euren vielen Seinszuständen einbezieht. Und so suchen wir, die Grenzen eures Denkens zurückzuschieben, damit ihr euch eures dauernden Selbst bewußter werdet, und nicht so sehr des dreidimensionalen Selbst, das von Zeit zu Zeit leiden muß.

Wenn es notwendig ist, daß wir von neuem erleben, was manche Menschen als Blockaden bezeichnen, so begegnen sie uns auf natürlichem Wege. Wir lieben den Begriff Blockade nicht so sehr – er klingt, als bedürfe es eines anderen, sie zu beseitigen. Betrachten wir es vielmehr als eine tiefe Erfahrung, deren Lektion wir nicht ganz begriffen und vollendet haben. Aber das Leben wird bringen, was ihr braucht, und dann kommt es zur rechten Zeit und am rechten Ort. Versucht nicht, es zur falschen Zeit zu erzwingen.

Erlaubt euch nicht, unter solchen Dingen zu sehr zu leiden. Betrachtet euch im Spiegel und seht, ob ihr euch gefallt, wenn ihr unglücklich seid. Seht in den Spiegel, um zu erkennen, was andere Menschen sehen. So zeigt ihr euch der Welt. Ist diese unglückliche Seele euer wirkliches Selbst? Nein, sie ist nur ein Teil von ihm, der Erfahrungen sammelt. Leidet also nicht so sehr. Besinnt euch auf eure innere Stärke auf den anderen Ebenen.

Der Geist wird immer über die Materie triumphieren. Licht wird immer das Dunkel überwinden. Das ist Teil der Naturgesetze, und diese sind unwandelbar, was auch geschehen mag. Tut also, was ihr könnt, um zu verstehen, und um Liebe und Licht in euer Leben zu bringen.

Laßt unglückliche Verbindungen hinter euch und geht in Freiheit auf neue Beziehungen und neue Situationen zu, auf neue Aufgaben, ein neues Zuhause. Daraus werdet ihr lernen. Darin werdet ihr auch die

Freiheit finden, glücklicher zu sein. Laßt die alten Masken hinter euch und veredelt und verbessert Persönlichkeit und Charakter, so daß euer wahres Selbst mehr und mehr hindurchleuchten kann: das, was ihr wirklich seid und nicht, was ihr zu sein scheint, denn dieses war nur eine vorübergehende Phase. Jetzt ist es Zeit, zu wachsen, den schweren Weg einzuschlagen und das wahre Selbst zu werden.

Spontane Meditation,
Oberhaching bei München,
Oktober 1988

Die innere Stimme
eine Meditation

Still und ruhig dringt die Stimme unseres Gewissens ins Bewußtsein und bringt uns Botschaften und Echos aus der Vergangenheit. Es ist diese Stille, diese Ruhe, dieser Frieden, der unser wahres Selbst ist, die dauernde Identität im Innern. Wir brauchen keine Katechismen, keine Regeln und Dogmen, wir haben nur zu lernen, auf diese innere Weisung zu lauschen, die zuverlässig ist und anhaltend, und die unsere innere Wirklichkeit und Wahrheit ist. Sie kommt durch unser dreidimensionales Bewußtsein und Wünschen hervor und sagt uns deutlich, was wir wissen sollen. Lausche also auf dein inneres Selbst. Es ist sehr alt, reicht Tausende von Jahren zurück, und es weiß, was du jetzt brauchst, während das Rad deines Bewußtseins und Seins durch seine dreidimensionale Lehrzeit geht.

Wir sind sehr komplexe Wesen, entstanden nach einem phantastischen und wunderschönen Plan. Alle Ebenen durchziehen einander und schwingen miteinander. Indem der Wille Gottes Ausdruck durch uns findet, öffnen sich unser Herz und Sinn dem Verständnis des Geistes – wir verbinden uns mit der Wahrheit.

Ziehe also dein eigenes, inneres Selbst zu Rate. Habe Vertrauen in deine Fähigkeiten. Durch die Tiefen deines Bewußtseins kannst du an alle Weisheit rühren und alles erfahren, was du für dein derzeitiges Leben und seine Umstände wissen mußt. Du kannst deine Probleme selbst lösen. Du kannst deine Fixierungen und Ängste loslassen, wenn du wach bist und die Zeichen erkennst und annimmst, wenn sie kommen. Mit Hilfe deines freien Willens kannst du entscheiden, wann du dazu bereit bist. Obwohl das innere Geleit immer da ist, hast du deine Willensfreiheit. Du kannst voranschreiten, so schnell oder so langsam, wie du es wünschst, aber wenn du starr bleibst oder zu langsam wirst, dann könnte es so aussehen, als ob das Leben dich drängte. Denn die Evolution hat eine Dringlichkeit und den Anspruch, daß das Leben wächst und sich entfaltet, um den weiterbestehenden Bedürfnissen des Kosmos zu dienen.

Du bist ein Reisender in der Zeit aus der Zeitlosigkeit, die wir Raum nennen. Lausche auf die tiefe Stimme des Reisenden im Innern und bejahe das größere Bedürfnis, sprich an auf dein reiferes Selbst.

Wir sind Kinder des Universums, aber als Kinder müssen wir wachsen und reifen. Wir müssen immer daran denken, daß nur ein kleiner Teil von uns hier auf der Erde ist, der elementarste Teil unseres Bewußtseins und vielleicht noch unserer Gefühle. Wir sind hier, um zu überwinden und Freude zu fühlen, nicht um unter den Schmerzen des Lebens zu leiden. Stelle also die oberflächlichen Schwierigkeiten beiseite und lausche deinem eigenen, inneren Frieden.

Spontane Meditation,
Augsburg,
November 1988

Alles ist eins
eine Meditation

Aus dem mystischen Herzen und dem göttlichen Geist ist alles hervorgegangen, was wir kennen. Es stieg herab durch die Äther, die Luft, die Sonne, Wasser und die Erde. Und von dieser stammen wir. Alle diese Elemente sind in uns. So sind wir eins mit dem Kosmos. Es gibt keine Zweiteilung. In allem ist das universelle Bewußtsein, das wir Gott nennen. Wenn wir uns von der Vorstellung des Getrenntseins und der Dualität lösen, dann können Frieden und Einheit auf der ganzen Welt sein. Diese Einheit muß alle Grenzen überschreiten, alle Religionen, alle Völker, so daß der göttliche Wille auf jede Daseinsebene fließen kann. Liebe ist es, durch die alles projiziert wird. Liebe ist die Macht und die Energie und das Wesen, die alle Dinge zusammenhalten. Je mehr wir uns auf diese universelle Liebe einstimmen können, desto mehr fließt unser Leben in Harmonie mit allen Dingen um uns. Auf diese Weise dienen wir der höheren Bestimmung. Das Leben soll ewig weitergehen, und kein Erleben soll vergebens sein. Alles ist aufgezeichnet im Gedächtnis der Natur. Alles ist bekannt – Vergangenheit, Gegenwart und Zukunft. Daraus kommt die innere Weisung für unser Leben. Es ist Dringlichkeit und Anspruch der Evolution, daß die Pyramide des Bewußtseins auf höhere Ebenen gehoben wird und daß die Menschen das Primitive hinter sich lassen und wirklich geistige Wesen werden, wahrhaft menschlich in jeder Hinsicht: eine Art, die die negativen Seiten abgelegt hat. Dann können Frieden und Liebe auf der ganzen Welt regieren, wenn wir das wahre Wesen unseres Seins verstehen.

Spontane Meditation,
Oberhaching bei München,
Oktober 1988

Meditiere über deinen Tag

Wir alle träumen von einer Welt der Phantasie, und doch gewährt uns diese Phantasie zuweilen einen Einblick in tiefere Wahrheit, wenn wir dazu bereit sind. In unserem Bewußtsein sind viele Ebenen, und von ihnen kommt die Information von der Vergangenheit und sogar für die Zukunft. Manche solcher Träume sind lehrreich, und manche nicht. Manche schenken uns Erleichterung – und dies gilt auch für unsere Meditationen.

Es ist herrlich, eine Reise im Sichtbaren anzutreten. Es ist auch herrlich, in die Tiefen unseres Bewußtseins geführt zu werden und zu versuchen, Türen zu öffnen, die verschlossen waren und sich jetzt vielleicht auftun. Das darf nicht in Eile erzwungen werden. Auf den richtigen Zeitpunkt kommt es an. Es ist wie im täglichen Leben. Es gibt eine rechte Zeit und einen rechten Ort, und dann sind keine Grenzen dessen, was man erreichen kann.

Wir müssen also nach Gelegenheiten suchen, nicht wilden Phantasien nachjagen, die nicht zu verwirklichen sind, sondern praktisch sein und alles gebrauchen, was uns in diesem Augenblick zur Verfügung steht. Wenn wir das Beste aus unserer Situation machen und zeigen, daß wir verantwortungsbewußter und zuverlässiger werden, können sich mehr Türen auftun. Mehr kann uns gegeben werden, das die Qualität unseres Lebens steigert und auch die Qualität des Lebens derer, die wir lieben.

Achte also jeden Tag auf das, was geschieht. Sei ehrlich mit dir selbst und prüfe, wie du dich verhalten hast. Bringe das Stärkste, Feinste und Tiefste in deinem Charakter zum Ausdruck. Je mehr du dich stärkst, desto mehr wird dir gegeben, während du vorwärtsschreitest auf deinem Weg ins Licht.

Spontane Meditation,
Augsburg,
November 1988

Eine Meditation von »David«

Die höheren Welten sind allezeit um dich. Sie sind nur einen Atemzug entfernt, nur eine andere Dimension. Die Hilfe, die du empfängst, entspricht der Qualität deines Lebens, dem Maß der Selbstdisziplin, die du ausüben kannst, und der Zahl der Opfer, die du zu bringen bereit bist. Es gibt viele Wege des Dienens. Es gibt viele Wege des Helfens – sei es als Arzt oder Krankenschwester, als Wissenschaftler oder als Geschäftsmann, der mit seinem Spezialwissen anderen hilft. Was auch immer du tust: Es zählt nicht so sehr, was du tust, sondern wie du deine Aufgabe erfüllst und lebst.

Wieviel hilfst du anderen Menschen? Bist du ganz aufrichtig in deinen Beziehungen? Bist du dir der karmischen Zusammenhänge bewußt? Bist du dir eines früheren Lebens bewußt? Weißt du um die höhere Bestimmung, die zu erfüllen du hier bist?

Jede Seele auf der Erde hat eine besondere Bestimmung. Jede Seele muß ihre Bestimmung annehmen und dienen, früher oder später. Wenn sie sich aus freiem Willen dagegen entscheidet, wird sie zurückkommen müssen und ihre Aufgabe in einem anderen Leben erfüllen. Es gibt also einen freien Willen – oder ein freies Nicht–Wollen –, und du hast immer die Wahl, von diesem Willen Gebrauch zu machen. Gleichzeitig gibt es eine innere Ausrichtung in deinem Leben, die auf deine Mitarbeit wartet und auf deine Bereitschaft weiterzugehen.

Diese Kraft, die auf dich wartet, ist die Kraft der Liebe. Es ist Liebe, die alle Dinge zusammenhält. Es ist Liebe, die herrschende Macht. Wir meinen damit nicht körperliche Liebe, sondern bedingungslose Liebe, die allen gibt, ob es belohnt wird oder nicht; bedingungslose Liebe, die die andere Person nicht braucht, sondern einfach ganz Geben ist, ganz Verstehen, ganz Annehmen der Schwächen ebenso wie der Stärken. Annehmen, Hingabe, Disziplin, Pflicht. Wenn du auf diesen Ruf der tiefen Liebe ansprichst, findest du tiefen Frieden in Seele und Gemüt, und du wirst ein anderes Selbst in dir gewahren, dein wirkliches Ich bin. Es ist deine eigene, dauernde Identität, die weiterzieht durch Zeit und Raum, um immer mehr Entfaltung zu gewinnen und Verständnis, während dein tiefes Selbst der höheren Bestimmung jener Energie dient, die wir Gott nennen.

Alles Leben im Kosmos hat eine Ausrichtung, die von dem zentralen Bewußtsein der Liebe bestimmt wird, von einer Ebene, die sich dem irdischen Begreifen entzieht, denn in mancher Hinsicht können deine Augen nicht sehen, solange du deinen irdischen Körper nicht verlassen hast; doch danach vermagst du viel mehr zu sehen und zu verstehen. Dein Bewußtsein ist dann offen wie eine Blüte und läßt das Licht wirklich herein, so daß deiner höheren Bestimmung gedient ist. Du wirst eins mit dem höheren Plan des reinen Gottesgeistes, des Zentrums von Licht und Reinheit, Ruhe, Frieden und Ausgeglichenheit, der Seligkeit. Versuche jetzt, in das Wesen und die Empfindung dieses Zustandes innerer Stille und Seligkeit einzutreten, in einen Frieden, der höher ist als alles Verstehen: der Frieden Gottes; er ist immer da. Bringe nur dein geschwätziges Denken zum Schweigen und lausche, lausche auf die Stille. In der Stille kann Gott zu dir sprechen. Möge ein jeder eins werden mit dem tiefen Frieden Gottes.

Spontane Meditation,
Augsburg,
November 1988

Kommentare von Sitzungsteilnehmern

Diese kleine Auswahl von Zeugnissen wurde aufgenommen, um andeutungsweise wiederzugeben, welche Hilfe Menschen durch die Aura-Deutungen empfangen zu haben glauben.

»Ein Dankeschön für die Aurazeichnung von letzter Woche. Ich fand das Erlebnis höchst hilfreich und konstruktiv. Im Nachhinein stelle ich fest, daß Sie absolut recht hatten in bezug auf ...«

»Die heilenden Nachwirkungen der Auradeutung waren transformativ und anhaltend. Zuerst hatte ich gemischte Gefühle, gefolgt von einer eigentümlichen Schönheit – Liebe – im Innern; ich hatte das Empfinden, von häßlichen Gefühlen und Blockaden gereinigt zu werden. Dieses Erlebnis drängt mich zu Veränderungen und auf die nächste Stufe meines Lebens.«

»Danke für einen wunderschönen Morgen. Unser Gespräch hat meine Zuversicht und innere Kraft sehr gestärkt.«

»Ich wollte nur Dank sagen für die Dinge, die eingetreten sind, seit ich Sie aufgesucht habe. Danke, daß Sie mir das Vertrauen gaben, meinen Mut in beide Hände zu nehmen und in Vertrauen und Wahrheit voranzuschreiten.«

»Herzlichen Dank für die sehr interessante Stunde, die ich heute mit Ihnen verbrachte. Ich fand es erhellend und erfreulich, weil manche Dinge, die mich bekümmert hatten, zum Vorschein kamen und als Wegweiser für meine künftige Arbeit dienen.«

»Ich habe das Gefühl, Ihnen schreiben und danken zu müssen für die Aurazeichnung und für die höchst interessante Deutung, die Sie mir auf Tonband mitgaben. Ich fürchte, Ihre herrliche Arbeit nicht genug gewürdigt zu haben. Ich bin für gewöhnlich kein stiller Mensch, aber ich fühlte mich regelrecht überwältigt von der unerwarteten Schönheit der ganzen Sitzung.«

»So viel Schwieriges und Trauriges ist mir nun kein Rätsel mehr. Jetzt kann ich durch die Schatten sehen – Sie haben mir sehr geholfen.«

»Durch Sie habe ich mich heute selbst entdeckt.«

Ein irischer Segenswunsch

Möge der Segen des Lichtes mit dir sein, Licht im Außen und Licht im Innen. Möge das gesegnete Sonnenlicht auf dich strahlen und dein Herz wärmen, bis es glüht wie ein großes Torffeuer, so daß der Fremdling nahen mag und sich an ihm wärmen ebenso wie ein Freund. Möge das Licht ausstrahlen von deinen Augen, wie eine Kerze im Fenster eines Hauses, die den Wanderer zum Hereinkommen einlädt aus dem Sturme.

Möge der Segen des Regens mit dir sein – des weichen, milden Regens. Möge er fallen auf deinen Geist, so daß all die kleinen Blumen aufgehen und der Luft ihre Süße mitteilen.
Möge der Segen der großen Regen mit dir sein, mögen sie auf deinen Geist fallen, ihn klar und rein waschen und so manchen funkelnden Teich lassen, in dem das Blau des Himmels sich spiegelt, und manchmal ein Stern.

Möge der Segen der Erde mit dir sein – der großen, runden Erde. Mögest du immer einen freundlichen Gruß haben für die, denen du begegnest, wenn du die Straßen entlang gehst. Möge die Erde weich sein unter dir, wenn du auf ihr ausruhst, müde am Ende eines Tages. Und möge sie über dir ruhen, wenn du schließlich unter ihr liegen wirst. Möge sie so leicht auf dir ruhen, daß deine Seele rasch unter ihr herauskommt, hervor und empor auf ihrem Weg zu Gott.

Und nun segne dich der Herr, und Er segne dich freundlich.

(Verfasser unbekannt)

Desiderata

Sei gelassen inmitten von Lärm und Hast und denk an den Frieden, der in der Stille liegen kann. Soweit dies möglich ist, ohne dich selbst aufzugeben, vertrage dich gut mit allen Leuten. Sag deine Wahrheiten ruhig und klar und höre die anderen an, sogar die Dummen und Unwissenden; auch sie haben etwas zu erzählen. Meide laute und angriffige Leute; sie stören den Geist. Wenn du dich mit anderen vergleichst, magst du eitel oder bitter werden, denn es wird immer größere und kleinere Menschen als dich geben. Genieße, was du erreicht hast, und freue dich deiner Pläne. Bleib voll Interesse an deinem Beruf, was er auch immer sein mag; er ist ein wirklicher Besitz im Wandel der Zeiten. Nimm deine Geschäfte immer mit Umsicht wahr, denn die Welt ist voll Arglist. Aber laß deine Augen darob nicht blind werden für das, was an Tugenden vorhanden ist; viele Menschen streben nach hohen Idealen, und überall ist das Leben voll Heldenmut. Sei dir selbst treu. Täusche insbesondere keine Zuneigung vor. Sei auch nicht zynisch der Liebe gegenüber, denn sie ist angesichts aller Härten und Enttäuschungen so beständig wie das Gras. Nimm das, wozu dir die Jahre raten, gern entgegen und gib die Dinge deiner Jugend mit Gelassenheit auf. Pflege die Zucht des Geistes, damit du in einem plötzlichen Schicksalsschlag gewappnet bist. Aber mach dich nicht unglücklich mit Dingen, die du dir einbildest. Manche Furcht hat ihren Ursprung in Müdigkeit und Einsamkeit. Außer einer gesunden Selbstdisziplin – sei gut zu dir selbst. Du bist ein Kind des Universums, nicht weniger als es Bäume und Sterne sind. Du hast ein Recht darauf, hier zu sein. Und ob du es begreifst oder nicht, das Universum entfaltet sich so, wie es soll. Lebe deshalb in Frieden mit Gott, wen immer du dafür hältst, und lebe in Frieden mit deiner Seele, was immer dein Tun und Streben im lärmigen Durcheinander des Lebens sei. Trotz aller Plackerei, aller Enttäuschungen und aller zerbrochenen Träume: die Welt ist doch schön.

Dieser Text wurde zu Anfang dieses Jahrhunderts geschrieben.
Er wurde in der Old Saint Paul Kirche
in Baltimore, Neu-England, gefunden.

Über den Verfasser

Bill Lambert dient seit 1970 als Heilungsmittler. Im Jahre 1976 schloß er sich White Lodge (The College of Psycho-Therapeutics) an und wurde nach dem Besuch ihrer sechs Kurse 1985 einer ihrer Lehrer für England, Österreich und Deutschland. Er unterrichtet auch in anderen Ländern.

Nach seiner früheren Tätigkeit als Heiler und Lehrer in Bexhill-on-Sea (Sussex) zog er 1980 nach Horsham, wo er die immer noch blühende Horsham Healing Group gründete und eine bestehende kleine Gesprächsrunde übernahm.

1983 wurde er gebeten, seine Heilerkurse in Wien und München zu geben – inzwischen auch an anderen Orten.

1985 gab er seine Laufbahn in der Geschäftswelt auf und arbeitet jetzt ganztags als Heiler und Lehrer. Er gründete dann The Triad Centre in Horsham und lehrt dort für die West Sussex County Council das Heilen. Er ist 2. Vorsitzender der Sussex Spiritual Healers' Association mit etwa sechshundert Mitgliedern.

1983 entdeckte er, daß er Auren zeichnen kann; 1985, während eines Aufenthaltes in Graz, zeichnete er spontan und mit geschlossenen Augen ein vollständiges Gesicht – zusätzlich zu der Aura des Klienten. Das geschieht mittlerweile häufig. Private Konsultationen oder Demonstrationen für Gruppen können vereinbart werden.

Wenn Schüler alle von Bill Lambert angebotenen Kurse in Spiritueller Psychotherapie und Heilen absolviert haben, hofft er, eines Tages geeignete Anwärter für die persönliche Ausbildung zum Aurazeichnen und -Deuten zu wählen. Eine genaue psychotherapeutische Interpretation ist wesentlich.

Konsultationen

Eine persönliche Beratung läßt sich einrichten in England, Kanada, Deutschland, Österreich und der Schweiz. Die übermittelten Informationen sind abhängig von dem Verständnis und Bedürfnis des Klienten zum jeweiligen Zeitpunkt.

Wenn Sie eine Beratung wünschen, bringen Sie bitte eine 60-Minuten-Kassette mit, um die Beratung und Informationen aufzunehmen.

Um Vorträge, Demonstrationen oder eine private Konsultation wenden Sie sich bitte schriftlich an:

William P. Lambert, M.I.P.T.I., M.A.P.N.T.
P.O.Box 134, Horsham West Sussex RH13 5FG
England

Der Verfasser gibt auch zahlreiche Kurse, Seminare und Workshops über spirituelle Psychotherapie und Geistheilung.

Richard Katz/Patricia Kaminski

BLÜTENESSENZEN

REPERTORIUM IHRER WIRKUNGSWEISEN

Sanfte Therapien nehmen mehr und mehr an Bedeutung zu. In der heutigen Zeit erkennt man dies an einer zunehmenden Anzahl von Veröffentlichungen über »Bach-Blüten«, Blumen die durch die Seele heilen.

Blütenessenzen sind Katalysatoren für die Seele. Sie vermögen durch direkte und ausschließliche Einwirkung auf die Seele von Mensch, Tier und Pflanze, deren physische (körperliche) Leiden zu beeinflussen. Mehrmals am Tag angewendet, können sie unsere inneren Heilkräfte aktivieren.

Zur weiterführenden Forschungsarbeit über das Thema Heilung mit Blütenessenzen hat sich vor mehr als 10 Jahren in Kalifornien eine Gruppe interessierter Menschen unter der Führung eines Psychologen gebildet. Diese Gruppe hat seither eine große Zahl Blütenessenzen erforscht und über die Ergebnisse das »Flower Essence Repertory« geschrieben. Es wurde ein ausführliches Nachschlagewerk mit über 1 400 Eintragungen sowohl über die »Kalifornischen« als auch die 38 Bach-Blüten und ist vorzüglich zur sicheren Auswahl der richtigen Blütenessenzen sowohl für den Therapeuten als auch für den Patienten geeignet.

Teil 1 des Repertoriums in deutscher Sprache gibt einen generellen Überblick über ca. 200 Symptomstichworte. Jeweils in kurzen Sätzen werden die »positiven« wie auch die »negativen« Qualitäten beschrieben.

Teil 2 enthält in alphabetischer Reihenfolge ca. 120 Blütenessenzen, sowie die Stichworte, unter denen sie in Teil 1 zu finden sind und eine kurze Beschreibung ihrer Wirkungen.

ISNB 3-927518-00-X LAREDO  VERLAG

Dirk Albrodt

Gesund durch Blütenessenzen

Handbuch Kalifornischer Blütenbehandlung

Nach Jahrzehnten der Erforschung und Etablierung der Bach-Blüten-therapie ist nun die Zeit gekommen, weitere Erkenntnisse über die Heilkraft der Blüten zu suchen. Wie kann man das Spektrum der Möglichkeiten der Bach-Blüten erweitern? Gibt es Aspekte, die früher einen weniger großen Stellenwert in der Beurteilung von Blüten hatten, die heute aber beachtet werden sollten? Welche von Bach nicht benutzten Pflanzen verfügen dennoch über heilende Kräfte? Und welche sind für die Gegenwart, die Zeit des Umbruchs im Weltgefüge, besonders wichtig?

Das Buch »Gesund durch Blütenessenzen« faßt zum erstenmal die In-formationen über die »neuen« Blüten zusammen. Jede einzelne von ihnen wird mit ihren Besonderheiten vorgestellt. Dazu wird ein Sechs-Schritt-Auswahlverfahren beschrieben, mit dessen Hilfe der Anwender schnell und sicher die für ihn selbst oder für andere passenden Blüten herausfinden kann. Kombinationen zueinander passender Essenzen werden vorgeschlagen, aber auch ergänzende Therapievorschläge gemacht, die die Wirkung der Essenzen verstärken können.

Ein Handbuch zum Kennenlernen der Kalifornischen Blütenessenzen, zum Lernen, zum Nachschlagen – ein Versuch, jeden auf die Möglichkeiten, die in ihm ungenutzt ruhen, aufmerksam zu machen und auf die Chance, diese Möglichkeiten leicht und sanft zu nutzen.

ISBN 3-927518-12-3 LAREDO VERLAG

Herbert Thelesklaf

Blüten heilen Kinderseelen

In unserer modernen, technologisch geprägten Zivilisation, erleben die Kinder vermehrt ein Trauma, wenn sie in das Erdendasein eintreten, in dem die Natur zunehmend verändert und gestört ist. Es ist unser aller Aufgabe, Kindern zu helfen, unbefangen und voll Selbstvertrauen durchs Leben zu gehen und die Anforderungen ihrer wechselnden Lebensstationen wie Kindheit, Kindergarten, Schule und Berufsausbildung zu bestehen, um als Erwachsene auf ihre Fundamente bauen zu können und ihr Leben erfüllt zu meistern.

Es gibt viele Wege, Kindern zu helfen, ihre inneren Kräfte in der physischen Welt harmonisch zu entwickeln. Eine natürliche Therapie, die auf der »Muttersprache« der Erde gründet, ist sicherlich eine der sanftesten und angemessensten.

Blütenessenzen sind Bindeglieder zwischen Natur und Mensch sowie zwischen Seele und Körper. Sie können viele körperliche Beschwerden erleichtern, aber ihre besondere Wirkung erfaßt die feinstofflicheren Bereiche des menschlichen Seins, sie wirken über die Seele.

Besonders in der Therapie von Kindern (und des Kindes in jedem von uns) scheint es wichtig zu sein, die Bedeutung der Seele zu verstehen. Kinder sind ja noch so offen und aufnahmefähig für subtile Einflüsse. Deshalb sind Blütenessenzen bei Kindern von so großer Wirksamkeit, und Therapeuten berichten, daß Kinder auf die passende Essenz sehr positiv und außergewöhnlich und häufig in kürzerer Zeit als Erwachsene reagieren.

»Blüten heilen Kinderseelen« richtet sich in erster Linie an die Eltern. Es soll aber auch Therapeuten Hinweise geben, welche Blütenessenzen gerade für Kinder hilfreich sind. Eine Sammlung ausgewählter Fallbeispiele ergänzt das Werk.

ISBN 3-927518-02-6

Maruschi Adamah Magyarosy

Surya Namaskar — Der Sonnengruß

Der leichte Weg zur Lebensfreude

Solange es Menschen gibt, sehnten sie sich nach Licht und nach der Wärme der Sonne. Die Sonne symbolisiert das Gesetz des Lebens — Verjüngung, Energie, Lebenskraft.

Die Weisen des alten Indien und anderer früher Kulturen verehrten die Sonne als Lebensspenderin. Am frühen Morgen bei Sonnenaufgang verneigten sie sich vor ihr, um ihren Dank und ihre Verehrung auszudrücken. Aus den entsprechenden Haltungen und aus der Bewegung in Verbindung mit dem Atem entstand ein kompletter Yoga–Zyklus — Surya Namaskar — das sich aus zwölf ineinander übergehenden Stellungen aufbaut.

Surya Namaskar kräftigt die Organe, stärkt die Muskeln, Bänder und Sehnen und stimuliert das Nervensystem, aktiviert und harmonisiert den Hormonhaushalt. Besonders intensiv ist die Wirkung auf die Wirbelsäule. Ihre wiedergewonnene Elastizität und Belastbarkeit ist bei regelmäßigem Üben bald zu spüren.

Den Sonnengruß können wir das ganze Leben hindurch bis ins hohe Alter, überall und jederzeit praktizieren. Surya Namaskar, bewußt als Körpermeditation durchgeführt, schenkt uns neben den oben erwähnten Wirkungen ein Gefühl von Geborgenheit, von Einssein mit dem Universum. Regelmäßig und mit entsprechender geistiger Einstellung geübt, verbessert der Sonnengruß unser körperlich–seelisch–geistiges Wohlbefinden, verbindet, harmonisiert und aktiviert Körper, Seele und Geist. Wir erleben unseren Körper als Mikrokosmos im Makrokosmos, im Universum.

„Surya Namaskar — Der Sonnengruß" ist ein praktisches Übungsbuch mit vielen Illustrationen.

ISBN 3-927518-17-4   *LAREDO*  *VERLAG*

Maruschi Adamah Magyarosy

Vom Ozean zum Gipfel

Teil 1: Unterwegs mit der Sehnsucht
Teil 2. Der Eremit und Ich

Maruschi Adamah Magyarosy beschreibt das Indien hinter dem Indien, gesehen, gehört, wahrgenommen mit anderen Augen, mit anderen Ohren, denn die Seele Indiens läßt sich weder »touristisch« noch durch „Guru-Shopping" erfassen. Sie will erlebt und erfühlt sein, mit dem ganzen Herzen, nicht nur mit den Augen. Und das ist ein Prozeß, der nicht in einer zweiwöchigen »Sight-Seeing-Tour« geschieht.
Über die Begegnung mit herausragenden spirituellen Persönlichkeiten und Lehrern erlebt M. A. M. ihre persönlichen Prozesse, die sie dem interessierten Leser in ihrer originellen Art und Weise mitteilt. Besonders berührend ist der zweite Teil, die unmittelbare Begegnung mit dem Sannyasin, der ihr in persönlicher Weise das vermittelt, was sie zeitweise bereits auf ihrer äußeren und inneren »Pilgerreise« vom Ozean zum Gipfel erlebt hat. Sie erfährt eine innere Neuwerdung – und das wichtigste: Liebe kommt nicht von außen — sie ist weder an Normen, noch an Konfessionen, noch an Konventionen gebunden. Sie kennt kein Gesetz, kein Alter, kein Geschlecht, keine Rasse. Sie ist kein Spiel für Feiglinge und Schwächlinge. „Sie wird aus unserem Bewußtsein geboren. Sie kann nur in Freiheit bestehen und sich entfalten. Und doch verbindet sie alles... denn um der Liebe willen ist die Schöpfung entstanden und um der Liebe willen wird sie aufrechterhalten..."

ISBN 3-927518-11-5   *LAREDO* VERLAG

Hans Höting

KRAFTQUELL GEDANKE

GEDANKENKRAFT SCHAFFT LEBENSKRAFT

Der Rolle des Geistes und der Energie bei der Vorbeugung und
Heilung von Krankheiten wird von der Medizin eine immer größere
Bedeutung zugemessen. Hans Höting hat als Heilpraktiker erkannt, daß
die wirkliche Ursache vieler Erkrankungen im geistig–energetischen
Bereich zu suchen ist und daß echte, dauerhafte Heilung nur zu
erreichen ist, wenn die Therapie hierauf abgestimmt wird.
»Kraftquell Gedanke« ist voll von theoretischen Hinweisen und
praktischen Anwendungen zur Vorbeugung und Selbstbehandlung von
Krankheiten. Dabei verbindet der Autor ganz bewußt Witz und
Weisheit. Damit will er den Leser auf zweierlei hinweisen:
1. Geistheilung hat nichts mit den oft frömmelnd, geheimnisvoll,
fanatisch praktizierten, esoterisch angehauchten Heilsbotschaften
einiger selbsternannter Meditationsfreaks und Heilgurus zu tun.
Geistheilung muß lebensnah bleiben, so, wie es der Humor ist.
2. Der Humor wird zur Therapie, wenn Witz und Weisheit verbinden.
Weil es hierbei um grundlegende Erkenntnisse und Lebensgesetze
geht, gibt das Buch ganz nebenbei viele Anregungen zur Bewußt-
seinsbildung, zum Thema »Positive Lebenseinstellung« und »Lebens-
meisterung«, unterstützt durch viele Aphorismen.
Ein ungewöhnliches Buch, flüssig, praxisnah, interessant geschrieben.
Es wendet sich an alle mit dem Ziel der Bewußtseinserweiterung,
Verbesserung der Lebensqualität und der Festigung der eigenen
Gesundheit. Vor allem aber sei das Buch Kranken empfohlen. Es zeigt
ihnen neue Perspektiven auf, mit dem Schicksal Krankheit besser
fertig zu werden.

ISBN 3–927518–10–7   *LAREDO* VERLAG

Heiner Kersting

DIE TRADITIONELLE THAI-MASSAGE

Das theoretische Fundament der Traditionellen Thai-Massage bildet eine Art Energiebahnen, die sogenannten zehn Sen. In der Yoga-Philosophie heißt es darüber:»Prana« (Lebensenergie) wird mit der Atmung und der Nahrung über ein Netz von feinstofflichen Energielinien (Sen oder Nadis) im Körper verteilt. Kommt es zu Blockaden in diesen Kanälen oder fließt zuviel Energie in diesen Sen, so führt das zum Ungleichgewicht der Körperfunktionen.

Mit ihrer Vielzahl an verschiedenen Techniken und besonderen Bewegungsabläufen gibt die Thai-Massage die Möglichkeit, den Energiefluß des Körpers positiv zu beeinflussen. Das heißt, Energiestauungen können abgebaut, Spannungen ausgeglichen und geschwächte Körperpartien aktiviert werden. So wird eine Massagebehandlung dazu beitragen, die in uns wohnenden Kräfte zu harmonisieren und auszugleichen, was sich in einer Steigerung der Lebenskraft deutlich macht.

Zweifellos ist die besondere Technik der Traditionellen Thai-Massage mit keiner bekannten Massageart zu vergleichen. Sie erfordert vom Massierenden ein bestimmtes Maß an Bewegungsfähigkeit und erinnert in ihrer harmonischen Ausführung an vielen Stellen fast an einen Tanz. Wie bei einem Tanz können aktive Bewegungen des Masseurs mit den passenden Bewegungen des Massierten zu einem Ganzen verschmelzen. Das heißt auch über die herkömmliche „zweckorientierte Massage" hinauszugehen und einen Teil der Grenzen zwischen Therapeut und Klient aufzuheben.

Einfache Basisübungen sind von jedermann leicht nachzuvollziehen. »Die Traditionelle Thai-Massage« ist ein reich bebilderter Leitfaden dazu.

ISBN 3-927518-18-2 *LAREDO* VERLAG

Dozent Dr. Karl Nowotny

MEDIALE SCHRIFTEN

MITTEILUNGEN EINES ARZTES AUS DEM JENSEITS.

Dr. Karl Nowotny war Facharzt für Psychiatrie, Neurologie und Individualpsychologie an der Universitätsklinik in Wien. Zahlreiche wissenschaftliche Arbeiten wurden von ihm veröffentlicht. Nach seinem Tode meldete er sich über sein Medium Grete Schröder, um seine Vorträge niederzuschreiben.

Die »Medialen Schriften« wenden sich an jeden Menschen. In einfacher und klarer Sprache stellen sie die Zusammenhänge mit dem Jenseits dar und weisen Wege zu einer guten Lebensauffassung im Diesseits.

THEMENSCHWERPUNKTE IN BAND 1

Geistwesen und geistige Tätigkeit.
Die kranke Seele als Ursache jeder Krankheit.
Freiheit des Willens und Persönlichkeit.
Zusammenwirken von Seele, Geist und Körper.
Die Seele, der Sitz des Gefühlslebens und Motor für alle Lebensäußerungen.
Von den äußeren Einflüssen auf die Seele. Besessenheit und ihre Heilungsmethoden.
Grundlagen für die Entfaltung der Lebenskraft.
Vom Hinübergehen ins jenseitige Leben und vom notwendigen Wissen um die Zusammenhänge.
Beschäftigung mit Spiritismus und ihre Gefahren.
Verkehr mit der Geisterwelt und ihre Gefahren.
Die mediale Betätigung und die Berufung dazu.

ISBN 3-927518-04-2

THEMENSCHWERPUNKTE IN BAND 2

Vom Schicksal und vom Schicksalhaften.

Suggestion und Autosuggestion.

Menschenkenntnis und ihre praktische Anwendung.

Wissen um die Zusammenhänge mit dem Jenseits als Grundlage für eine gesunde Lebensauffassung und Erziehung.

Die Einflüsse auf das Seelenleben und ihre Erforschung.

Der Einfluß des Außerirdischen auf die materielle Welt und die Entwicklung der Menschheit.

Erkennen der Ursachen psychischer Leiden und ihre Bekämpfung.

ISBN 3-927518-05-0

THEMENSCHWERPUNKTE IN BAND 3

Unrichtige Auffassung vom Wert der triebhaften Liebe, ihre Gefahren und notwendige Aufklärung.

Über die Entartung durch Vererbung. Epilepsie und Multiple Sklerose und ihre Ursachen.

Hellsehen, eine mediale Fähigkeit.

Die Seele als Bindeglied zum geistigen Bereich.

Mut zur Wahrheit und seine Behinderung durch Milieu und Erziehung.

Armut und Reichtum als Basis für die Erfüllung der Lebensaufgaben.

Die Lüge, ein Attribut der Zivilisation.

Über die Irrwege abgeschiedener Geistwesen.

Über den Vorgang der Inkarnation.

Hysterie, ihre richtige Beurteilung und Behandlung.

ISBN 3-927518-06-9

THEMENSCHWERPUNKTE IN BAND 4

Grundlegende Gedanken zum Einfluß geistiger Kräfte im materiellen Bereich.

Gedankenübertragung und ihre Wirkung auf jenseitige Geistwesen.

Über das Zustandekommen guter medialer Verbindungen.

Über verschiedene Arten, wie sich Geistwesen bemerkbar machen können.

Mit Hilfe von »Geistärzten« durchgeführte Operationen.

Bewußtes Verlassen des materiellen Körpers.

Erkennen eines fremden geistigen Einflusses.

Besessenheit und Wege zur Befreiung.

Notwendige Umstellung in der medizinischen Wissenschaft, vor allem auf dem Gebiet der psychischen und geistigen Krankheiten.

ISBN 3-927518-07-7

THEMENSCHWERPUNKTE IN BAND 5

Beurteilung und richtige Auswahl geistiger Einflüsse.
Grundlagen und Erfordernisse für den geistigen Fortschritt der Menschheit.
Selbstbefreiung von geistiger Störung; religiöser Wahn; Auswirkung auf die Umgebung.
Spontanheilung.
Ungeeignete Grundlagen für geistige Verbindungen.
Fremder Einfluß von »Stimmenhören« und Fehllenkung der Gedanken. Bericht einer Patientin.
Depressionen und ihre Ursachen.
Einfluß geistiger Störungen auf den Organismus. Unterscheidung zwischen geistiger Störung und Geisteskrankheit.
Spuk als Ursache von Angstneurosen. Zwang durch fremde Stimmen.
Vom irdischen Tod und den Folgen mangelnden Wissens.
Sexualität und ihre Bewertung.
Selbstmord und seine Folgen. Umdenken in Kirche und Wissenschaft.

Erscheint Ende 1991

ISBN 3-927518-08-5

THEMENSCHWERPUNKTE IN BAND 6

Grundlegende Gedanken über den Zusammenhang zwischen Geist und Materie.
Bewußte und unbewußte Kommunikation mit dem geistigen Bereich. Bewältigung des mitgebrachten Programms.
Ursachen geistiger Störungen im materiellen und geistigen Bereich.
Irrtum und Täuschung in der Beurteilung geistiger Phänomene.
Transzendentale Meditation und Voraussetzung zur Befreiung von dadurch verursachten Störungen.
Körperliche Leiden im Zusammenhang mit geistigen Störungen.
Die Aufgabe der Helfer, Abgrenzung zur Psychosomatik, Erziehung der Betreuer und des Milieus.
Sucht ist geistige Störung.
Religiöser Wahn.
Gebotene Grenzen in der Nutzung auch positiver geistiger Kräfte
Die zukünftigen Aufgaben der Wissenschaft.

Erscheint Ende 1991

ISBN 3-927518-09-3   *LAREDO* VERLAG

Gisela Friebel/Dr. med. Klaus Hoffmann

Nahrung für deine Seele

Die Autoren beschäftigen sich in ihrem Buch mit psychischen Erkrankungen aus der Sicht der Ganzheitsmedizin. Mit einer Fülle von Material legen sie dar, daß psychische Erkrankungen nicht Schicksal sind, sondern daß es mit den Methoden der Naturheilkunde gelingt, vielen dieser unter Allopathika zum Siechtum Verdammten zu helfen. Sie stellen das Problem »Psychische Erkrankung« mitten hinein in unsere heutige Situation der Umweltverschmutzung, Nahrungsmittelverfälschung, modernen, materialistisch ausgeprägten Lebensführung. Sie weisen nach, daß psychische Erkrankungen in den meisten Fällen nicht seelisch bedingt, sondern aus der Sicht dieser Problemkreise zu sehen und auch anzugehen sind.

»Nahrung für deine Seele« ist ein ungewöhnliches Buch. Es packt ein hochaktuelles Thema in unkonventioneller Weise an. Von Alkoholismus über Besessenheit, Depression, Paranoia, Ernährungsfehler, moderne Psychopharmaka, Vitaminmangelzustände bis hin zur Zöliakie wird abgehandelt, was für die Betroffenen interessant ist. Es ist in erster Linie eine Hilfestellung für verzweifelte Angehörige psychisch Erkrankter. Aber auch Therapeuten, die wirklich helfen wollen, können damit arbeiten. Die Autoren verweisen auf vollkommen neue Wege, die jeder gefahrlos gehen kann. Das Buch nennt die richtigen Nährstoffe und Verfahren, wie man psychisch Kranken wirklich helfen kann.

Da es sich hier um ein so brisantes Thema handelt, kommen auf weiten Strecken Experten zu Wort. Auch werden ganz konkrete Hinweise gegeben, wo man Hilfe bekommen kann.

ISBN 3-927518-13-1   *LAREDO* VERLAG